문화교양
총　　서
5

근대적 일상과 여가의 탄생

송찬섭·최규진·이임하·허 수·이기훈 지음

지식의날개

문화교양총서-5

근대적 일상과 여가의 탄생

초판 1쇄 펴낸날 | 2018년 11월 1일

지은이 | 송찬섭·최규진·이임하·허수·이기훈
펴낸이 | 류수노
펴낸곳 | (사)한국방송통신대학교출판문화원
　　　　03088 서울시 종로구 이화장길 54
　　　　대표전화 1644-1232
　　　　팩스 02-741-4570
　　　　홈페이지 http://press.knou.ac.kr
　　　　출판등록 1982년 6월 7일 제1-491호

출판위원장 | 장종수
편집 | 이근호·이강용
본문 디자인 | 티디디자인
표지 디자인 | 크레카

ⓒ 송찬섭·최규진·이임하·허수·이기훈, 2018

ISBN 978-89-20-03205-9 04080
값 15,000원

이 도서의 국립중앙도서관 출판예정도서목록(CIP)은 서지정보유통지원시스템 홈페이지(http://seoji.nl.go.kr)와
국가자료공동목록시스템(http://www.nl.go.kr/kolisnet)에서 이용하실 수 있습니다. (CIP제어번호: CIP2018033259)

이번에 한국방송통신대학교 문화교양학과에서 〈문화교양총서〉를 간행하게 되었다. 이 총서는 다양한 의도를 가지고 논의하고 기획되었다.

우리 대학은 모든 과목에 교재를 만들어서 강의를 운영한다. 일반적으로 개설서 형태의 교재는 개정을 할 때마다 계속 내용을 보완하므로 최종판이 가장 잘 다듬어진 교재라고 보아도 무방하다. 그러나 우리 학과는 인문학을 중심으로 하고 있는데다 개론보다는 주제 또는 사례 중심의 강의를 하므로 한번 교재를 바꾸고자 하면 완전히 새로운 내용으로 다시 구성한다. 매번 교재를 만들 때마다 적절한 주제를 선택하여 최선을 다하기 때문에 모두 생명력 있는 글이 되는데, 새로운 교재가 만들어지고 나면 이전 교재는 당연히 절판되므로 좋은 글이 사장되는 아쉬운 마음이 늘 있었다. 그래서 우리 학과의 지나간 교재를 활용할 방법을 모색하였다. 그 결과, 지나간 교재의 내용을 바탕으로 분량을 조절하고 교재의 구성을 벗어나서 가벼운 문고 형태의 시리즈를 간행하기로 결정했다.

총서 간행을 다만 연한이 다한 교재에 대한 아쉬움 때문에 하려는 것은 아니다. 현재 교재를 통해 공부하고 있는 재학생뿐 아니라 우리 졸업생들에게 문화교양학과 공부는 끝이 없다고 항상 가르치기 때문에 문고를 축적하여 이들에게 계속 '읽을거리'를 제공하자는 뜻도 있었다.

우리 학과 과목은 인문학의 다양한 분야를 망라하고 있다. 따라서 인문학 공부에 대한 나름의 틀을 제시하고 있다고 본다. 이 점에서 〈문화교양총서〉가 우리 학과를 넘어 우리 대학 구성원과 나아가 일반인들에게도 인문학에 대한 갈증을 풀어 주는 문고가 될 수 있을 것이다. 문화교양학과가 설치된 지 이제 10여 년이 지났고 교재도 과목마다 보통 두세 번 개정되었다. 더 늦기 전에 쌓인 원고를 추스르는 작업이 필요한 시점이기도 하다. 지금까지의 교재 원고들을 간추려서 총서를 발간한다면 앞으로 우리 학과 교과 운영의 방향 설정에도 도움이 될 수 있을 것이다.

〈문화교양총서〉는 우리 학과가 존재하는 한 계속 간행되어 나갈 것이다. 이 총서가 지속적으로 문화교양학과 구성원, 그리고 인문학을 갈구하는 분들에게 선물이 될 수 있기를 기대한다. 고전의 한 구절을 비틀어 이렇게 말하고 싶다.

"문화교양은 목마른 사람 누구나 물가로 데려갈 수 있다. 얼마나 마음껏 마시느냐는 각자에게 달려 있다!"

2017년 8월
문화교양학과 교수 일동

이 책은 앞서 간행된 문화교양총서 4권 『근대로의 전환』과 짝을 이루는 책이다. 역시 한국방송통신대학교 문화교양학과 『근현대 속의 한국』 과목 교재(2007년 간행)에 활용했던 글을 재구성하였다. 당시 방송대의 강의체제가 20강이었으므로 10개 주제씩 나누어 두 책으로 구성하였다. 이 책에서는 근대문화가 나타나고 급속히 퍼지면서 새롭게 변화된 여가와 삶에 초점을 맞추어 살펴보았다.

책의 구성은 근대문화 가운데 10개의 주제를 2부로 나누어서 정리하였다. 1부 '근대의 일상'은 근대사회의 음식과 기호품, 패션과 유행, 연애, 새로운 시장으로 출현한 백화점, 위생과 의료, 어린 학동 중심의 교육을 다루었다. 음식 편에서는 근대의 물결에 밀려온 다른 나라의 생소한 먹을거리뿐 아니라 커피, 술, 담배와 같은 기호품까지 포괄하여 폭넓게 훑어보았다. 패션과 유행 편에서는 양장을 비롯하여 남성의 모자, 여성의 단발, 그리고 구두에 이르기까지 몸치장에서 시각적으로 드러나는 근대적인 갖가지 변화를 담았다.

근대에는 여러 새로운 사회적 현상이 나타난다. 그 가운데서도 연애는 은밀한 것이 아니라 지고지순한 도덕, 예술, 종교의 경지로까지 받아들일 정도로 커다란 사조가 되었다. 또한 새롭게 도시 한복판에 등장한 백화점이라는 공간은 단순한 시장이 아니라 인공낙원으로 일컬어질 정도였다. 위생과 의료의 측면에서도 질병을 바라보는 시선이 근본적으로 변화했다. 교육에 관한 한 남다른 관심을 보이는 우리나라에서 근대 들어 체계화된 교육기관과 교육방식 역시 사회에 큰 변화를 일으켰다.

2부 '새로운 문화와 여가'에서는 보편적인 즐길 거리로서 자리 잡아나간 대중음악, 영화, 근대의 독서, 체육과 스포츠 등을 담았다. 음악에서는 서양식 노래와 함께 유성기, 축음기 등 기계가 노래를 대신하면서 널리 대중화되어 갔다. 근대기술이 만들어 낸 영화라는 새로운 문화는 급속도로 발전하고 퍼져 나가 대중의 마음을 사로잡았다. 전통적으로 오랫동안 지속되어 오던 책 읽기에서도 읽히는 책의 종류가 달라지고 읽는 방식도 달라졌기에 '근대의 독서'라는 이름으로 살펴볼 필요가 있다. 근대의 군사적 훈육방식으로는 체육이 강조되는 한편 대중적 스포츠도 생활화되었다. 근대에 펼쳐진 각종 운동경기에는 근대의 욕망과 민족의 자존심도 깃들어 있었음을 볼 수 있다.

여기에 제시된 주제는 그 하나하나가 중요한 의미를 지닌다. 오늘날 우리 사회를 돌아보면 이러한 항목이 현대 생활문화에서 커다란 비중을 차지하고 있음을 알 수 있다. 근대적 일상과 문화가 어떤 과정을 거쳐 사회 속에 자리 잡아 나갔는지 찾아보는 것은 매우 흥미로운 일이다. 근대사회의 생활문화에 대한 분야별 대중서가 상당히 축적된 상황에서 다양한 주제를 모아 놓은 또 하나의 책을 대중에게 내보내게 되었다. 평가는 온전히 독자의 몫에 맡겨 둔다.

교재를 작업할 때는 정해진 기간 안에 반드시 완성해야 하므로 필자들을 몰아칠 수밖에 없었다. 이번에 책을 다시 기획하면서 오래전 필자들이 노력하여 쓴 글을 허투루 여기지 않고 부활시켰다는 즐거움도 있었지만, 이번 원고 마감 또한 필자들에게 큰 부담을 주었을 것이다. 그럼에도 활발하게 참여해 주신 필자들께 무한한 감사를 드린다. 이선아 선생(방송대 튜터)은 모든 글을 꼼꼼히 읽고 의견을 주었으며, 일부 글은 보충까지 하며 도와주었다. 깊이 감사드린다.

2018년 10월
필자들을 대표하여 송찬섭 씀

차례

2부 새로운 문화와 여가

1부
근대의 일상

1장

음식

달라진 밥상과 새로운 기호품

최규진

1. 밥이 하늘

흔히 "밥이 보약이다"라고 말한다. 동학의 2대 교주였던 최시형은 "밥이 곧 하늘이다"라고 했다. "밥 한 알이 귀신 열을 쫓는다"는 속담에서 보듯이 쌀은 신성하기까지 했다. 쌀에는 신의 뜻도 깃들어 있다고 여겼다. 상 위에 흩뿌린 낟알을 집어서 운수를 알아보는 쌀점은 여기서 비롯되었다. 죽은 사람에게도 쌀은 요긴한 것이라고 생각했다. 염(殮)과 습(襲)이 끝난 뒤, 물에 불린 쌀을 버드나무 숟가락으로 세 번 떠서 입에 넣는 '반함(飯含)'은 죽은 사람이 저승까지 가져가는 식량이었다. 쌀은 재운이나 복을 상징하기도 했다. 따라서 정초나 식구 생일에는 쌀을 밖으로 내가지 않았다. 잡곡에도 '쌀'을 붙여서 쌀보리, 쌀수수 등으로 부르기도 했다. '흰밥 옥같이 지어 큰 사발에 수북이 담아' 너나없이 배부르게 먹는 것이 큰 기쁨이었다.

이처럼 소중하기 그지없는 쌀이 1876년 개항 이전부터 일본과 청나라로 빠져나갔다. 일본 상인은 수출입관세가 면세되는 혜택까지 받으면서 일본 배로 쌀을 거두어 갔다. 일본 거류민은 쌀이 가장 이익이 남는다며 쌀을 투기 대상으로 삼았다. 일제는 쌀, 콩, 쇠가죽을 실어 날랐다. 그 대신 영국산 광목을 싼값으로 중개무역하여 이 땅에 팔았고, 램프, 거울, 성냥, 양산 따위를 들여왔다.

일제가 조선을 식민지로 만들면서 가장 눈독을 들인 것이 쌀이었다. 일제는 먼저 토지조사사업(1910~1918)을 했다. 토지를 조사한다면서 농민의 경작권을 빼앗아 총독부 소유로 만들고, 이를 관리할 동양척식주식회사를 세웠다. 그 밖에도 곳곳에 일본 사람이 많은 땅을 사들여 농장을 열고 지주로 군림했다. 그들은 왕조시대의 지주보다 높은 지대를 받아 냈다. 이렇게 거두어들인 쌀을 모두 일본으로 가져갔다. 군산은 일제가 쌀을 수탈하는 전초기지였다. 최대 곡창지대였던 호남평야와 논산평야의 쌀을 군산항에 쌓아 두었다가 일본으로 가져갔다. 일제는 1908년

그림 1-1 · 군산부두에 쌓인 쌀가마니

그림 1-2 • '배 주고 배 속 빌어먹는' 조선 농민(『동아일보』, 1925년 7월 2일 자)

에 전주와 군산을 잇는 '전군가도'를 포장했다. 가을걷이 때만 되면 쌀을 가득 실은 우마차가 그 길을 메웠다. 1909년 무렵 조선 전체 쌀 수출량 가운데 32.4퍼센트가 군산항을 통해 일본으로 빠져나갔다.

일본은 자기 나라에서 공업화 정책을 펴면서 식량이 크게 모자라자, 식민지 조선에서 '산미증식계획'을 세워 쌀 생산을 늘리려 했다. 1920년에서 1938년 사이에 일제는 토지개량, 토지개간, 사방공사 등으로 쌀 증산운동을 했다. 쌀 생산량은 늘었지만, 그보다 더 많은 쌀이 일본으로 빠져나갔다. 쌀밥 먹기는 갈수록 힘들어졌다. 산미증식계획으로 오히려 '조밥꾼'이 늘어났다(「늘어가는 것」, 『동아일보』, 1929년 1월 1일 자). 일본은 만주를 식민지로 만들어 새로운 식량기지로 삼고, 그곳에서 '만주속'이라는 잡곡을 들여왔다.

강경애가 쓴 소설 『인간문제』(1934)에는 질 낮은 '안남미'와 형편없는 반찬을 먹어야 했던 여성노동자들의 밥상 모습이 잘 드러난다.

그들이 식당까지 왔을 때는 몇백 명의 여공들이 가뜩 들어앉았다.
…… 그들은 밥을 보자 식욕이 버쩍 당기어 술을 들고 한참이나 퍼먹다
가 보니 쌀밥은 틀림없는 쌀밥인데 식은 밥 쪄 놓은 것 같이 밥에 풀기가
없고 석유 내 같은 그런 내가 후끈후끈 끼쳤다. 간난이는 술을 들고 멍하
니 선비와 인숙이를 번갈아 보았다. 그들도 역시 그랬다.
"이게 무슨 밥일까?"
저편 모퉁이에서는 이런 말을 주고받았다. 그나마 반찬이나 맛이 있으
면 먹겠지만, 반찬 역시 금방 저린 듯이 소금덩이가 와그르르한 새우젓인
데 비린내가 나서 영 먹을 수가 없었다. 그들은 식욕이 일어 배에서는 꼬
록꼬록 소리가 났다. 그러나 입에서는 당기지를 않아서 술을 들고 저마
다 멍하니 바라보다가는 마침 몇 술 떠보는 체하다가 눈물이 글썽글썽해
서 술을 내치고 식당을 나가는 여공들이 대부분이었다(강경애, 「인간문제」 94,
『동아일보』, 1934년 11월 23일 자).

쌀밥은 잘해야 생일이나 명절에 먹을 수 있었다. 주식은 꽁보리밥,
잡곡, 감자, 강냉이 따위로 바뀌었다. 그러나 농업 생산 구조가 주로 쌀
만을 생산하는 것으로 바뀐 탓에 잡곡 생산마저 전보다 훨씬 줄어들어,
그나마 제대로 먹지 못했다. 사람들은 주린 배를 채우려고 소나무 껍질
따위를 먹어야 했다. 소나무 껍질을 어떻게 먹었을까.

산나물보다 솔 껍질은 근기가 있어 하루 두 끼만 먹어도 배가 든든하다.
한 손으로는 낫자루를 잡고 한 손으로는 낫 끝을 잡고 우들우들한 겉껍질

을 긁어내면 하얀 속껍질이 드러난다. 그걸 낫 끝으로 잘 오려 내면 키짝처럼 넙적한 소나무 껍질이 벗겨진다. 분들네는 그걸 반은 볕에 말리고 반은 삶아 물에 담가 떫은맛을 우려냈다. 하얀 솔 껍질을 끓는 물에 삶으면 빛깔이 핏빛처럼 붉어진다. 물에 한 사나흘 우려낸 솔 껍질은 빨랫방망이로 두들겨 부드럽게 한다. 그래도 모자라 디딜방아로 지치도록 찧어야 웬만큼 먹을 수 있는 송기가 된다(권정생, 『한티재 하늘』, 지식산업사, 1998, 193쪽).

일제는 중일전쟁과 태평양전쟁을 치르면서 식민지 경영을 전시통제경제로 바꾸었다. 군인과 군수공장에 동원된 노동자, 그리고 식민지에 들어온 일본인이 먹을 쌀이 있어야 했다. 일제가 이들에게 쌀을 공급하려고 새로 꾀를 낸 것이 공출제도였다. 일제는 농촌을 들쑤셔 벼를 실어 갔다. 일제는 '부락'을 단위로 책임 생산량을 할당해 쌀을 가져갔다. 공출한 식량에 '공정가격'을 매겼지만, 이름뿐이지 생산비에도 미치지 못했다. 그나마 '공정가격'도 주지 않고 허울뿐인 저금통장만을 내주어 쌀을 빼앗다시피 했다. 총독부는 황국신민화와 '내선일체'를 위한 수단으로 쌀 배급을 활용했다. 일제는 달마다 '애국반상회'를 열어 주민을 통제했다. 일제는 배급매출표에 애국반상회 반장의 도장을 받아야 식량을 살 수 있도록 했다.

중일전쟁이 한창이던 1939년에 큰 가뭄이 들어 식량 사정이 아주 나빠졌다. 이때부터 일제는 쌀 절약운동을 했다. 그들은 "쌀밥을 많이 먹으면 머리가 나빠지고 음식을 많이 먹으면 건강에 해롭다. 나무뿌리나 나물은 쌀보다 비타민이 풍부하다"는 괴상한 논리를 선전했다. "근육노동자 이외의 사람과 늙은 사람, 어린이는 하루 한 끼는 죽을 먹도록 하면 보건에 좋다"(『조선일보』, 1939년 10월 12일 자)고도 했다. 일제 관제 단체

그림 1-3 · 쌀 공출 선전물

인 국민정신총동원연맹은 혼식과 대용식으로 쌀을 절약해야 한다고 사
람들을 다그쳤고 의사들은 "대식보다 소식이 몸에 좋으니 하루에 두 끼
를 먹으라"고 했다(『조광』, 1943년 3월호). 친일파도 이 운동에 적극 참여했
다. 성신가정여학교 교장이던 이숙종은 "어른들에게 하루 세끼는 전혀
필요 없다. 아침은 뜨거운 엽차 한 잔이면 충분하다"고 했다. 덕성여자
실업학교장 송금선은 "하루 세 끼를 먹지 말고 그 무엇이든 사람이 먹을
수 있는 것이면 현재 있는 것으로 기쁘게 이용하는 습관을 만들어야 한
다"고 맞장구쳤다. 『매일신보』는 "추석 때 떡을 해 먹지 말자"는 캠페인
까지 했다(『매일신보』, 1939년 9월 25일 자).

　일제와 친일파가 이런 선전을 하지 않더라도 서민은 쌀밥을 먹을 수
없었다. 잡곡밥이라도 먹는 집은 형편이 괜찮은 집이었고, 콩나물죽·시
래기죽·아욱죽·쑥죽 등으로 목숨을 이어 가는 사람이 많았다. 아니면
술찌끼 등으로 주린 배를 채워야 했다.

1940년대에 들어서면 식량 사정이 더욱 나빠졌다. 검열을 받아야만 했던 잡지에서조차 그때 상황을 다음과 같이 전한다.

사실 오늘날 조선의 농민들은 기아에 주리고 있다. 조선 농가의 총 호수는 310만 호라고 한다. 그런데 그중에서 4할을 차지하는 140만 호가 소위 춘궁기(春窮期)에 다다르면 식량이 부족해서 맥령(麥嶺, 보릿고개)을 넘지 못하고 초근목피로 생명을 유지해 나가는 가련한 처지에 있다. 내가 대구 부근의 어떤 농촌을 조사해 본 바에 의하면 풀뿌리 나무껍질 가운데 이 농촌사람들이 먹는 식량이 43종이나 되는 것을 보았다(임정식, 「시국과 농촌부인」, 『여성』, 1940년 4월호).

"조선 농민들은 초근목피(草根木皮)를 먹는 데 습관이 되어서 농촌에서는 쌀이 부족할 염려가 없다"고 주장하는 정객마저 있었다. 그러나 사람이 풀뿌리로만은 살 수 없는 노릇이어서, 일제는 밥과 고기가 아닌 다른 음식을 장려했다. 그때 그 음식을 '대용식'이라고 불렀다. 대용식 가운데 참외, 건빵, 도토리묵 등은 나은 편이었다. 『매일신보』는 토끼 고기나 정어리 부산물 등 먹을 수 없는 수준의 음식을 대용식으로 선전했다.

2. 밀려오는 낯선 먹을거리

개화기에 들어오기 시작한 외국 음식은 차츰 일반인에게도 알려지기 시작했다. 유길준은 『서유견문』(1895)에서 "서양 사람들의 음식물은 빵,

버터, 생선, 고기류가 주식이고, 차와 커피는 우리나라에서 숭늉 마시듯 마신다"고 소개했다. 개화기에 외국어 학교에서는 양식 파티를 열었고, 다른 학교 학생을 초대하여 서양 요리를 대접하기도 했다. 독일 여성 앙투아네트 손탁(Antoinette Sontag)은 1902년 서울 정동에 고종에게서 하사받은 땅에 2층 양옥으로 객실, 식당, 연회장을 모두 갖춘 손탁호텔을 지었다. 이곳이 서양 요리를 먹을 수 있는 우리나라 첫 레스토랑이었다. 그 뒤 충무로에 양식 전문점인 청목당이 생겼다. 서양 음식점은 외교관과 선교사 등 외국인과 외국 생활을 한 유학생 출신이 주로 이용했다. 이어 화신백화점을 비롯한 거의 모든 백화점이 경양식 식당을 열자 일반 시민도 이용하기 시작했다. 그러나 거의 모든 사람에게 양식은 아주 낯설었으며 값도 비싸서 그림의 떡이었다. 화신백화점에서는 경양식

그림 1-4 • 정동에 있었던 손탁호텔

도 팔았지만, 주로 우리 음식을 팔았다. 특히 70전짜리 정식이 인기를 끌었다. 이것이 한국 음식에 '정식'이라는 이름을 붙인 맨 처음 일이다.

중국 음식점이 일본 음식점보다 먼저 조선에 생겼다. 1882년 임오군란 때 군인들과 함께 중국 상인들이 들어오면서 중국 음식점도 따라 들어왔다. 인천에 차이나타운이 형성되면서 1899년 무렵 화교가 자장면을 기본으로 한 음식을 팔기 시작했다. 중국 음식점은 중국인이 많이 사는 서울 북창동 일대를 비롯해서 인천과 평양 같은 곳에 많이 들어섰다. 일제 말기 조선에 사는 화교가 6만 5,000명이었고, 중국 음식점은 300개 남짓했다. 박태원의 소설 『성탄제』 가운데 "나는 언제든 사내를 졸라 식구 수효대로 자장면을 시켜 왔다"는 구절에서 보듯이, 중국 음식 가운데 자장면이 큰 인기를 끌었다. 본디 자장면은 중국 산둥(山東) 지방의 전통음식이었다. 그곳 자장면은 향채를 듬뿍 넣고 시큼시큼한 맛이 나는 것이 특징이다. 그런데 조선 사람은 향채 냄새를 싫어하

그림 1-5 • 일제강점기 서울의 중화요릿집

그림 1-6 • 호떡집 풍경(「동아일보」, 1936년 3월 26일 자)

고 시큼한 맛도 좋아하지 않았다. 중국 요리사들은 자장면에 마늘, 고춧가루, 감자와 채소를 써서 조선 사람 입맛에 맞추었다. 중국인들은 이곳저곳에 '호국숫집'을 열었다. 중화요리점은 "두꺼운 널판에 옻칠을 하고 금자(金字)를 박았으며 붉은 헝겊을 밑으로 달아 놓았다"(정오성, 「겐까도리 서울」, 『신여성』, 1933년 7월호). 사람들은 여기서 만든 자장면, 호국수, 짬뽕 등을 맛볼 수 있었고 잡채, 탕수육, 라조기, 난자완스 같은 중국요리도 알게 되었다. 1925년 6월에 중국 음식점은 79개였다(『매일신보』, 1925년 6월 9일 자).

중국 사람들은 밀가루 반죽 속에 검은 설탕을 넣어서 구운 호병(호떡)을 즐겨 먹었다. '호떡집에 불났다'는 말이 유행할 만큼 호떡은 이 땅의 서민에게도 친근한 음식이 되었다. 전쟁이 막바지에 들어섰을 때는 밀가루와 설탕을 구하기 힘들어 호떡 장사가 문을 닫는 일도 생겼다.

일본 사람이 늘면서 일본 고유 음식과 식품으로 우동, 단팥죽, 일본과자, 다꾸앙(단무지), 어묵, 초밥 등이 들어와서 널리 퍼졌다. 일본 요릿집은 갑신정변이 일어난 뒤인 1895년 300명 남짓한 일본 사람이 살던 진고개에 처음 생겼다. 그 뒤 일본 음식은 차츰 조선 사람에게 익숙해지기 시작했다. '소바'집, 우동집, 오뎅집도 생겼다. 일본식 오뎅집과 우동집은 1927년 무렵에 우미관 앞에 처음 생겼다고 알려져 있다. 그러나 이미 1925년에 "이랏샤이 하고 손님을 맞이하는 우동집"이 있었다는 신문기사가 있다(『매일신보』, 1925년 6월 9일 자). 라면집은 현재 명동 국립극장 자리 앞의 노점상이 처음이었다고 한다.

오 전(錢) 균일의 우동집이 도처에 뵈게 되었다. 전에는 구루마에다 끌고 다니더니 요즘에는 제법 상당한 거리에 깨끗한 장치를 한 집들이 구

그림 1-7 • 1941년 소바집(『조광』, 1941년 1월호)

수한 내음새를 피우며 허출한 사람의 식욕을 자극하고 있다. 오 전이라
는 싼 맛에 그리고 조용한 맛에 학생 · 신사 할 것 없이 많이들 들어간
다. 맛이 별미요 값싸다는 것이 가정 부녀들에게까지 선전이 되었든지
군것질감이 되어 찌개 값까지 들어 쓰게 되는 모양이다(웅초, 「경성 압뒤골 풍
경」, 『혜성』, 1931년 11월호).

고급 요리점에서 특별한 음식을 먹는 특권층도 있었다. 요릿집이란
조선 요리를 제공할 뿐만 아니라, 기생들의 기예를 상업적으로 활용하
는 유흥공간이었다. 1904년에 맨 처음 등장한 명월관을 시작으로 경성
에 요리점이 많이 생겼다. 그보다 훨씬 많은 일반 음식점이 곳곳에 들어
섰다. 다음 글에서 보듯이 때로는 음식을 집으로 배달해서 먹는 사람도
있었다.

집 안에서 설렁탕이나 냉면, 장국밥 같은 것을 주문하여 먹고 대금을
줄 때에도 그 배달부를 잘 주의하여 줄 것이다. 어떠한 때에는 당치도 않
는 놈이 남의 집에 음식 들어가는 것을 보고 문밖에서 지키고 있다가 배

달부가 음식을 배달하고 가면 음식을 다 먹을 만한 때에 천연스럽게 그 집에 들어가서 "그릇 내줍쇼" 소리를 하면 주인은 의례히 그릇을 내주고 돈을 준다. …… 나중에 진짜 배달부가 오면 음식 값을 두 번씩 내고 심하면 그릇 값도 물어 주는 수가 있다(『신여성』, 1933년 12월호).

소설에서는 자장면을 배달해서 먹었다는 내용이 나온다. 잡지 기사에서는 '서울 명물'인 설렁탕을 배달하는 사람과 "좁은 거리에서 자전차를 타고 바람같이 달려가는 일본인 음식배달부, 종로 네거리로 가로 세로 달리며 냉면과 장국밥을 돌리는 배달 전문업"이 있다고 적었다(『신민』, 제28호, 1927년 8월호).

보통 사람들은 밥, 김치, 국과 찌개를 기본으로 나물이나 생선 그리고 장아찌나 젓갈 같은 반찬을 곁들여 식사를 했다. 농촌이나 일반 가정에서 이러한 기본 식단이 크게 바뀌지는 않았다. 그러나 도시에 사는 사람들은 시장과 상점을 다니면서 자연스럽게 가공식품을 이용하는 일에 익숙해졌다. 국수, 뎀뿌라(튀김), 다꾸앙 같은 음식은 값이 싸서 서민도 즐겨 먹었다. 서민들은 달짝지근한 맛에 길들여져 장아찌 대신 다꾸앙을 반찬으로 삼기도 했다. 공장에서 국수를 만드

그림 1-8 • 자전거로 음식을 배달하는 모습. (나혜석, 『신동아』, 1933년 6월호)

는 법이 일본에서 들어오면서 경성, 대구, 부산, 평양 같은 곳에 국수공장이 들어서 가는 국수, 우동국수, 메밀국수 등을 만들어 팔았다. 주부들도 집에서 만드는 것보다 편리하여 국수를 사다가 간편하게 조리할 수 있었다. 당면은 중국인이 1919년 처음 사리원에 공장을 세워 기계로 만든 뒤 차츰 늘어났다. 이 무렵 공장에서 만든 '왜간장'이 나타나면서 요리에 쓰이기 시작했다. 김밥도 일본 음식 김초밥에서 비롯되었다. 김밥은 가정에서 손쉽게 구할 수 있는 재료로 만들고 따로 반찬 없이 먹을 수 있어서 빨리 뿌리를 내린 듯하다.

일제강점기에 '아지노모도'라는 화학조미료가 음식에 '감칠맛'을 내면서 서구식 문화생활의 상징처럼 되어 갔다. 한때 "아지노모도 원료는 뱀이다"라는 헛소문이 돌 만큼 화학조미료는 뭇 사람들에게 강한 인상을 남겼다. 아지노모도사(社)는 1910년 말에 서울의 쓰지모토 상점, 부산의 복영상회를 특약점으로 삼아 상품을 팔기 시작했다. 아지노모도사는 1920~1930년대에 식민지 조선뿐만 아

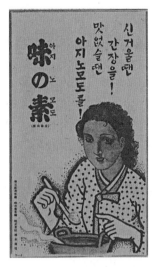

그림 1-9 · 싱거울 때 간장을 치듯이 맛이 없을 때는 아지노모도를 넣으라는 광고(『매일신보』, 1937년 12월 14일 자)

그림 1-10 · 화학조미료 아지노모도 광고(『동아일보』, 1936년 3월 26일 자)

니라 동아시아 전체를 시장권으로 삼는 '맛의 제국주의'를 성립시켰다. 아지노모도는 광고계의 큰손이 되어 신문과 잡지에 수많은 광고를 실었다. 그들은 "세계 최초로 이상적 조미료, 식료계의 대혁신"을 이루었으며, "모든 음식을 맛있게 한다"라고 선전했다. 아지노모도는 광고기법도 빼어났다. 그들은 "근대 여성은 모두 아지노모도를 쓰며", '문명적 조미료'인 아지노모도야 말로 좋은 맛의 지름길이라고 선전하면서 주부들을 파고들었다. 그들은 양념값을 적게 들이고도 그럴싸한 맛을 내야 하는 음식점도 공략했다. 아지노모도는 '광고의 조선 현지화 전략' 펼치면서 각계각층의 생활영역을 구석구석 파고들었다. 광고 문안처럼 "맛이 없을 때는 아지노모도를" 습관처럼 넣는 사람들이 생겨났다.

1929년부터 조선에서 아지노모도 판매가 크게 늘었다. 아지노모도는 서울과 부산, 평양 등을 집중 공략했다. 특히 평양은 면의 고장으로 냉면집이 많았고, 육수와 곰 국물 요리도 많았다. 따라서 아지노모도는 평양을 중요한 목표로 삼았다. 화학조미료 아지노모도가 인기를 끌자 뒤이어 '가루가 아닌 결정체'로 된 '아지노미'라는 제품도 나왔다. 아지노모도는 1939년 가을부터 생산이 줄어들기 시작했다. 원료가 되는 대두, 소맥분을 제대로 확보할 수 없었기 때문이다. 태평양전쟁에서 비롯된 전시식량통제로 더 큰 타격을 받았다. 아지노모도는 1943년 7월에 조선사무소의 문을 닫았다. 해방 뒤에도 아지노모도에 입맛을 들인 부유층은 밀수한 아지노모도를 줄기차게 찾았다. 1950년대 초만 하더라도 아지노모도를 반찬에 뿌리고, 왜간장에 밥을 비벼 먹는 것을 특별한 맛내기로 여겼다. 그만큼 아지노모도가 사람들의 입맛을 길들여 놓았다.

3. 혀에 녹아드는 별난 음식, 특별한 서양 맛

조선시대부터 내려오는 우리 고유의 기호식품은 떡, 약과, 다식, 강정, 엿 등이었다. 1900년대부터 수입한 설탕을 써서 만든 양과자가 생산되면서 옛 병과류는 차츰 쇠퇴하고 빵, 케이크, 아이스크림, 과자 등의 기호식품이 뿌리내리기 시작했다. 1885년 무렵 서울 진고개에 일본 과자를 파는 집이 생긴 뒤부터 낯선 과자가 차츰 늘어났다. 일본의 가내수공업식 소규모 과자 업체가 잇따라 들어오면서 갖가지 일본 과자를 선보였다. "꿀보다 더 단 것은 진고개 사탕이라네"라는 동요까지 생겨났다. 일본인이 파는 과자를 '왜떡'이라고 불렀다. 1910년대 서울에는 '왜떡 장사'가 많았다. 밀가루에 설탕을 넣고 반죽해서 구워 내도 잘 팔렸다. 팥소를 넣고 흰색과 분홍색으로 만든 모찌(찹쌀떡)는 유리로 덮인 상자에 담아 놓았다. 일본 과자 행상은 네모진 유리 상자에 생과자와 모

그림 1-11 • 일본 과자 따위로 아이들의 코 묻은 돈까지 "알뜰하게 긁어 간다"라는 만화(『동아일보』, 1925년 1월 25일 자)

그림 1-12 • '왜떡' 때문에 엿이 팔리지 않는다. "패자의 비애는 여기에도 있다"라는 만화(『동아일보』, 1923년 12월 12일 자)

찌를 담아 다니면서 팔았다. 나마카시(生菓子)와 전병(煎餅, 센베이)과 같은 일본식 과자와 단팥빵, 크림빵, 케이크와 같은 양과자는 조선인의 혀끝을 자극했다. 수프, 아이스크림 등도 이 땅에 뿌리를 내리기 시작했다.

예전부터 먹었던 엿마저도 일본 제과업자가 조선인 취향에 맞추어 만들면서 일본 과자에 밀리기 시작했다. 벌이가 시원치 않았던 엿장수 이야기를 들어 보자.

요사이 같아서는 죽을 지경이올시다. 왜떡이니 사탕이니 별별 군것질거리가 난 뒤로는 말이 아니올시다. 시앗에게 밀린 본마누라 격이지요. 그래도 갓 쓴 양반이나 늙은 양반들이 가끔 옛 회포가 새로워서 몇 가락씩 사 가고, 과자 맛을 채 모르는 애기 두신 안부인네 덕에 겨우겨우 지내갑니다(「사탕, 왜떡이 원수」, 『동아일보』, 1924년 1월 1일 자).

전통적으로 가정에서 만들어 먹는 화채, 식혜, 수정과와는 달리 공장에서 만든 사이다, 천연 탄산수 따위도 나왔다. 상점에는 캐러멜, 비스킷, 건빵, 양과자, 양갱, 센베이 등이 진열되면서 보는 사람들의 발걸음을 멈추게 했다. 캐러멜은 '소풍 갈때 먹는 것', '건강의 비결'이라는 광고로 사람들에게 널리 알려졌다. 건빵은 군에서 식량 대

그림 1-13 · 초콜릿 광고(『조선일보』, 1936년 10월 17일 자)

용으로 먹던 것이었다. 전시체
제이던 1930년대 말에 '국민의
휴대식'이라는 광고와 함께 시
중에 건빵이 유통되기 시작했
다. '목으로 넘기지 않는 특별한
과자'인 껌은 1920년대 중반까
지만 해도 광고로 '사용법'을 설
명해야 할 만큼 신기한 먹을거
리였다. '가장 모던(modern)한 과
자' 초콜릿은 '사랑을 낚는 미끼'
로 소개되기도 했다.

그림 1-14 • 길거리의 '아이스케키' 장사(동아일
보』, 1929년 6월 20일 자)

1920년대가 되면 궤짝을 지
고 냉차를 파는 행상이 등장했
다. 빙수에 '딸기물'을 섞은 얼음물이나 '냉수 설탕물'을 유리컵에 담아
한 컵에 1전씩 팔았다. 1933년 무렵부터는 제빙기, 증기 모터를 갖추
고 물에 설탕과 향료를 넣어 만든 '아이스케키(얼음과자)'가 나왔다. 아이
스케키는 전국 어디서나 1개에 1전으로 다른 과자에 견주어 값이 쌌다.
그 뒤 냉차는 인기가 시들해졌다. 설탕으로 단맛을 내는 설탕 가공식품
이 인기를 끌면서 설탕 소비량도 크게 늘었다.

조선 음식에 조미료로 설탕을 넣기 시작한 것은 1910년대 후반부터
였다. 가정용 설탕이 전국 도시 상류층 가정을 중심으로 1930년대 후반
부터 전파되기 시작했다. 그러나 설탕은 매우 사치스러운 조미료였다.
1940년 8월 전쟁의 소용돌이 속에서 설탕 배급제를 실시해서 제과점 등
이 큰 타격을 입었다.

'모던한 것'이 껌과 초콜릿 따위만은 아니었다. 커피는 '서양 분위기와 서양 문물의 상징'이었다. 이효석이 쓴 「낙엽을 태우면서」를 보면, 커피를 먹는 것은 서양 문화를 몸 안에 넣는 일이나 마찬가지였음을 알 수 있다. 이효석은 이 글에서 "백화점 아래층에서 코오피의 알을 찧어가지고는 그대로 가방 속에 넣어 가지고 전차 속에서 진한 향기를 맡으면서 집으로 돌아온다", "올겨울에도 또 크리스마스 트리를 세우고 색전등도 장식할 것을 생각하고, 눈이오면 스키이를 시작해 볼까 하고 계획도 해 보곤 한다"고 했다.

이처럼 혀끝으로 서양을 느끼게 하던 커피는 외교사절이 이 땅에 들어오면서 알려지기 시작했다. 공식 문헌에 나타난 기록으로는 1896년 아관파천 때 고종이 러시아 공사관에서 커피를 처음 맛보았다 한다. 그

그림 1-15 · '도시의 상업'인 다방과 양복 입은 신사
(「조광」, 1935년 12월호)

뒤 커피는 왕족과 귀족들 사이의 기호품으로 자리 잡아 갔다. 이름도 영어 발음을 따서 '가배차' 또는 '가비차'로 불렀다. 외국인 선교사나 상인들은 일반 사람에게 커피를 소개했다. 서민들은 커피를 '양탕국'으로 불렀다. 이는 커피 색이 검고 쓴맛이 나서 마치 한약 탕국과 같다고 해서 붙인 이름이다. 커피는 한때 '독아편'이라는 누명을 쓰기도 했다. 따끈한 양탕국에 아편

이 들어 있다는 둥 갖가지 헛소문이 퍼지기도 했다.

일제가 조선을 강점한 뒤부터 일본인들은 명동의 진고개에 '끽다점'을 차려 놓고 커피를 팔았다. 다방은 1910년대 들어서 신문광고에 모습을 드러냈고, 1920년대 후반 들어 이곳저곳에서 생겨났다. 다방은 조선인 상권이 활발했던 종로보다는 일본인이 모여 살던 명동이 더 이름을 떨쳤다. '작은 도오쿄' 명동에는 다방이 수없이 들어서 그야말로 '다방의 거리'가 되었다. 커피는 차츰 도시인의 혀에 익숙해졌다. 신문과 잡지는 여름철에 아이스커피 만드는 법을 소개하기도 했다. 그때 다방은 요즈음과는 사뭇 달랐다. 재즈, 클래식 음악이 흐르고 일간신문과 시사지, 여성지, 영화지 등 여러 잡지가 있는 문화공간이었다. 대부분의 손님은 문화예술계 인사들이었다. 문사, 배우, 신문기자, 화가, 음악가 같은 지식층이 많았다. 그 바람에 개인 전람회, 영화 개봉 축하회, 출판 기념

그림 1-16 • 1940년 '어중이떠중이'가 모여드는 '처량한 종로 다방'을 풍자한 만화(『조광』, 1940년 12월호)

회, 세계적 문호 기념제, 레코드 음악회 등이 심심찮게 열렸다. 커피는 아주 비싸서 아무나 먹을 수 있는 것이 아니었지만, 유행을 앞장서 이끌던 '모던 보이', '모던 걸'은 커피를 '근대화의 상징'처럼 여겼다.

차츰 커피를 파는 다방의 인기가 높아져 1940년 무렵에는 '어중이떠 중이가 부나비처럼 모여드는' 다방이 크게 늘었다. 그러나 1941년 들어 태평양전쟁으로 설탕과 커피를 수입하는 길이 막혀 전쟁 막바지에는 거의 모든 다방이 문을 닫았다.

4. 궐련과 새 술에 '근대'가 깃들다

16세기 말 임진왜란을 앞뒤로 일본에서 들어온 담배는 아주 빠르게 퍼졌다. 네덜란드 사람 하멜이 쓴 『하멜표류기』에 따르면, "어린아이들이 이미 네다섯 살에 담배를 배우기 시작하여 남녀 모두 피우지 않는 사람이 아주 드물다"고 기록할 만큼, 담배는 조선 사람에게 빼놓을 수 없는 기호품이 되었다. 피우는 사람이 많으니 담배 농사를 생업으로 삼는 사람도 늘었다. 담배는 중요한 상품작물이 되어 조선 후기 사회경제에 큰 영향을 미쳤다.

개항이 되면서 외국 상인이 궐련초 따위의 제조연초를 수입하기 시작했다. 조선 사람들은 맛이 쓰고 강렬한 전통적인 담배를 좋아했기 때문에 값이 비싸고 순한 외국산 담배는 일부 상류계층만이 피웠다. 그러나 1894년 일본이 뒷받침하던 김홍집 정권이 거리에서 긴 담뱃대를 쓰지 말라는 법령과 단발령을 공포하면서 사정이 달라졌다. 상투를 자르고 양복을 입기 시작한 사람들이 생기면서 궐련의 수요가 늘었다. 이때 수입한 담배는 주로 일본제와 미국제였다.

제조연초의 수요가 늘자 1896년 뒤부터 외국인들이 자본을 투자하여 조선에 직접 연초제조회사를 세우고 제품을 팔았다. 이 무렵 조선인 제조업자도 회사를 세웠다. 영미연초회사 등은 '귀신이 조화를 부리는 활동사진'을 담배 판매에 이용하기도 했다. 이 회사는 빈 담뱃갑 열 개 또는 스무 개를 가져오면 영화 보는 값을 받지 않고 거저 입장시킨다면서 담배 판촉활동을 했다. 영미연초회사는 경성, 부산, 평양에 지점을 두었으며 경성의 건물 옥상에 네온사인 광고판을 설치해서 사람들을 놀라게 했다. 또한 다음 글에서 보듯이, 경품을 제공하고 남성의 눈길을 끌 여성을 고용하는 등 '근대적' 마케팅 전략을 펼쳤다.

'붕어표', '앵무표', '제비표', '톱표', '꽃표' 등의 빈 갑을 가져오는 사람들에게 그 개수의 많고 적음에 따라 각종 아름답고 견고한 양제품 진품, 예쁜 세간살이 물건을 무료로 준다. …… 경품 주는 곳에는 특히 조선인을 위하여 절묘한 조선 미인이 있고, 그 옥 같은 연약한 손으로 집어 주는 것을 받는 것도 또한 헤아릴 수 없는 가치가 있을지라. 경성과 같은 곳은 교환 개시 그날부터 점 안과 점 앞에 인산이 되어서 그 성황은 실로 운동회 이상이더라(일기자, 「영미연초회사의 대발전」, 『만한지실업(滿韓之實業)』, 1913년 11월호).

여러 연초제조회사가 경쟁하면서 외국 제조업자들은 『독립신문』과 『황성신문』 등에 거의 날마다 광고를 했다. 1갑에 10개비를 담아 팔았던 담배 가격은 2~7전쯤 하였다. 그 가운데 일본 제조회사 제품인 '히어

그림 1-17 · 1917년 무렵의 여러 담배 광고(『반도시론』, 1917년 11월호)

로(Hero)'가 가장 많이 팔렸다. 그 밖에 홈(Home), 호니(Honey), 바진(Virgin) 등이 있었다.

한복을 벗고 양복을 입는 속도만큼 궐련이 예전의 장죽을 밀어냈다. 긴 담뱃대가 미개의 상징으로 밀리고 낯선 이름의 새로운 궐련이 문명과 개화의 상징으로 자리 잡아갔다. 입맛에 따라 또는 잘살고 못사는 사람을 가려 가며 새 담배가 사람들을 공략했다. 다음 글은 그 내용을 잘 보여 준다.

물론 사람에 따라서는 취미는 다르지만 아마도 우리 젊은이의 입에는 '피죤'이나 '마코'가 알맞을까 하오. '카이다'를 좋아하는 사람도 있소. 부도라든가 조일, 이러한 '구찌쯔게(필터식 담배)'는 섬나라 사람들에게나 맞을까 하오. 프롤레타리아트는 '마코'를 입에 물어야만 하는 이야기도 그럴듯하게 들릴 것 같소. 나는 지방으로 여행할 때 가끔 '메이플'의 영향에 끌리어 그놈을 몇 갑 사가지고 집으로 돌아오는 일이 있소(박태원, 「기호품 일람표」, 『동아일보』, 1930년 3월 18일 자).

1929년 무렵에 불어닥친 세계대공황의 물결이 조선에도 덮쳐 와 생활이 어려워진 서민들은 값이 싼 '마코'나 '메이플'을 피웠다. 그보다 못한 사람들은 궐련 담배 대신에 '장수연'이나 '희연'과 같은 봉지 담배를 피웠다. 봉지 담배는 썰어 놓은 담배를 종이에 말아 피우거나 곰방대에 넣어 피우는 것이었다.

"신은 물을 만들고, 인간은 술을 만들었다"는 말처럼 술은 아주 오래전부터 인간의 역사와 함께했다. 이 땅에서도 삼국시대 이전부터 빼어난 술을 빚었지만, 일제강점기에 들어서면서 우리 술이 침몰했다. 일제 통감부가 1909년에 '주세법'을 공포하여 누구든 술을 만들려면 허가를 받고 세금을 내도록 함으로써 본격적인 주세령에 앞서 예비조치를 했다. 드디어 일제는 1916년에 주세령을 발효시켰다. 식민통치를 위한 세금을 거두어들일 목적이었다. 그 뒤 다섯 차례에 걸쳐 주세령을 개정하고 마침내 1934년에 집에서 술을 빚는 것을 모두 막아 버렸다. 또 주류 판매를 전매사업으로 돌려 정부의 수익사업으로 삼았으며, 집집마다 뒤지면서 밀주를 단속했다. 이로써 집에서 만들어 마시던 가양주들은 큰 위기를 맞았다.

이즈음 제조원가가 많이 들고 판매 값도 비쌌던 재래식 소주가 사라지고 재래식 소주에 에틸 알코올을 섞어 만드는 개량식 소주가 등장하기 시작했다. 19세기 말 일본에서 유행하기 시작했던 이 알코올 소주는 이미 1897년에 인천과 원산을 중심으로 수입되고 있었다. 주정 형태로 일본에서 수입된 알코올 소주는 재래식 소주에 섞어 양을 늘리고 판매

가격을 낮추어 팔았다.

술 공급에 변화가 생기면서 청주 수입이 크게 늘었다. 청주를 흔히 일본 술로 잘못 알고 있으나 그 뿌리는 우리 것이었다. 또 청주를 '정종'이라는 이름으로도 부르지만, 정종(正宗)은 일본에 있는 청주 양조장의 상표일 따름이다. 일본 업자들은 청주를 일본에서 수입하는 것보다 조선에 공장을 두어 만

그림 1-18 • "술까지 정복인가"라며 일본 술이 조선을 점령하고 있다는 만화(『동아일보』, 1925년 4월 9일 자)

드는 것이 이익이 많이 남는다고 보아 큰 도시마다 공장을 세워 청주를 공급했다.

맥주가 우리나라에 들어온 것은 구한말이었다. 1876년 개항 이후 서울과 개항지에 일본인 거주자가 늘어나면서 일본 맥주가 들어왔다. 그러나 일부 상류층이나 맥주를 마시며 '근대의 표상'을 맛보고 '품위와 격조'를 즐길 수 있었다. 1910년을 고비로 일본 맥주회사들이 서울에 출장소를 내면서 소비량이 늘어나기 시작했다. 맥주는 술이 아니라 자양품이라는 광고까지 실어 사람들의 호기심을 부추겼다. 1933년에 조선에 맥주공장이 들어서고 삿포로 맥주, 가보도 맥주, 기린 맥주 등이 '모던'한 사람들의 입맛을 끌었다.

이미 19세기 말 『독립신문』 제1호(1896년 4월 7일 자)에는 어느 상점에서 '상등 서양술'을 판다는 광고가 실렸다. 그 뒤 맥주와 포도주만큼은 아니지만, 위스키와 샴페인 광고도 신문에 자주 모습을 드러냈다. 일제강점

기의 소설에서도 브란데(브랜디), 삼판주(샴페인), 휘스키(위스키) 등의 술 종류가 심심찮게 나오고, '서양 콧대바우'가 먹는 수입품 양주가 사람들의 관심을 끌었다. "유행가를 모르고 왈쯔를 모르고 양주 맛을 모르고 홍차 맛을 모르는 것을 청년의 수치로 느끼는" 무리도 생겨났다. 이 틈을 타가짜 양주를 만들어 파는 사람도 있었다. 그들은 값싼 양주를 섞어 진짜 수입 양주처럼 속여 팔았다. 한 신문은 보리차를 양주로 속여 판 일도 전한다. '반다스'라는 위스키를 4원 60전이라는 싼값에 사가지고 왔는데 뚜껑을 따 보니 보리차였다는 것이다.

현진건의 소설 『적도』에서는 청년 실업가가 명월관 본점에서 맥주에 위스키를 타 마셔, 눈을 뜨자마자 타는 듯한 갈증을 느꼈다고 썼다. 그 청년 실업가는 '폭탄주'를 마신 셈이다. 고급 술집이나 요릿집이 아닌 카페에서도 양주를 팔았다. 본디 카페는 16세기 후반 아라비아로부터 유럽에 커피가 전래되면서 일종의 커피하우스로 출발했다. 영국의 경우 상류층 가정에서 차를 마시던 습관이 17세기 중반부터 공공장소로 옮겨가면서 카페의 수가 크게 늘었다. 그 카페는 중산층 시민이 정치와 문화를 이야기하던 공간이었다. 그러나 조선에 수입된 카페 문화는 일본을 거치면서 그 모습이 바뀌었다. 커피와 차, 식사를 제공했던 유럽과 달리 일본에서는 카페가 술과 함께 여급이 손님을 접대하는 곳이었고, 그 문화가 고스란히 이 땅으로 흘러 들어왔다. '요릿집에다 기생집을 좀 더 첨단화시킨' 카페에서는 커피뿐만 아니라, 맥주나 조니워커, 압상트 같은 양주를 팔았다. 그러나 몇몇 부류만이 경성의 카페를 들락거리고 맥주와 양주를 마시며 '혼혈의 근대'를 맛보았을 따름이다.

◉ 참고문헌

강준만·오두진, 『고종 스타벅스에 가다』, 인물과사상사, 2005.

공제욱·정근식 편, 『식민지의 일상, 지배와 균열』, 문화과학사, 2006.

김진송, 『서울에 딴스홀을 許하라』, 현실문화연구, 1999.

김태수, 『꼿가치 피어 매혹케 하라』, 황소자리, 2005.

김한표, 『쌀밥전쟁』, 인물과사상사, 2006.

소래섭, 『에로 그로 넌센스』, 살림, 2005.

오세미나, 『근대의 맛과 공간의 탄생』, 민속원, 2016.

이배용 외, 『우리나라 여성들은 어떻게 살았을까 2』, 청년사, 1999.

이영학, 「담배의 사회사」, 『우리 역사의 7가지 풍경』, 역사비평사, 1999.

이은희, 「근대 한국의 제당업과 설탕 소비문화의 변화」, 연세대학교 박사학위논문, 2012.

이이화, 「쌀과 제국주의」, 『우리 역사의 7가지 풍경』, 역사비평사, 1999.

_____, 『한국사 이야기 22: 빼앗긴 들에 부는 근대화 바람』, 한길사, 2015.

조이담·박태원, 『구보씨와 더불어 경성을 가다』, 바람구두, 2005.

한복진, 『우리생활 100년·음식』, 현암사, 2001.

2장

패션과 유행

새 옷으로 갈아입은 새사람

최
규
진

1. 새로 입은 옷, 사람을 바꾸다

'양복쟁이', 근대를 거닐다

'제2의 피부'인 의복은 남과 자신을 구별하고 옷을 입은 사람의 기분과 지식 수준, 신념이나 태도를 보여 준다. 또 의복은 사회적 정체성 형성에 중요한 역할을 한다. 옷은 여러 사회현상을 드러냄으로써 시대를 이해하는 잣대가 되기도 한다. 옷은 삶의 방식을 표현하는 수단이 되기도 하고 사회집단의 성격과 문화를 드러내기도 한다. 옷은 몸을 보호하는 기능 말고도 자기 자신과 그 사회를 표현하는 '또 하나의 몸'이다.

개화기에 복식에 큰 변화가 생겼다. 옷차림새가 바뀌었다는 것은 삶의 방식이 바뀌고 의식이 바뀌었음을 뜻한다. 별기군이 서양 복식을 처음으로 받아들였다. 1881년에 창설한 별기군은 신식 무기를 갖추고 근대식 훈련을 했다. 이때 복식도 서양식으로 바꾸었다. 처음으로 양복을 입은 사람들은 1881년 조사시찰단으로 일본에 갔던 김옥균, 서광범, 유길준, 홍영식, 윤치호 등이다. 그들이 입었던 양복은 '세비로'였다. 18세기 유럽에서 스포츠 옷으로 나타났던 세비로는 미국에서 크게 유행하여 1870년대부터 남성의 평상복이 되었다.

1884년 갑신의제개혁, 1894년 갑오의제개혁, 1895년 을미의제개혁으로 '거추장스러운 옷을 간편한 옷으로 바꾸도록' 했다. 명령에 따를 수밖에 없는 군복과 관복 등에서 변화가 생겼다. 1900년에는 관리의 관복을 양복으로 바꾸었고, 일반인이 양복 입는 것을 정식으로 인정했다. 이로써 우리나라 의생활에 두 번째 큰 전환기를 맞았다. 신라가 삼국을 통일한 뒤 1,300년 남짓 이어진 우리 옷과 중국 옷의 이중구조가 서양복과 공존하는 새로운 구조로 바뀌었다.

도시의 관리나 학생은 서양복을 입었지만, 일부 사람을 빼고는 아직 전통 옷을 입었다. 이 무렵 일반 민중은 서구화된 복장에 거부반응을 보였다. 1900년대에 일진회 회원이 단발하고 양복을 유니폼처럼 입고 다니며 친일활동을 하자 민중은 양복을 더욱 곱지 않은 눈으로 바라보았다. 1900년대에서 1910년대 사이 관복이 양복으로 바뀌면서 상류층에서 양복을 입기 시작했다. 그러나 그들도 집에서는 다른 사람처럼 한복을 입었다

한복에도 일부 변화가 생겼다. 남자 바지와 저고리는 크게 바뀌지 않았지만, 서양에서 들어온 조끼와 만주족의 방한용 옷이었던 마고자 등이 새로 나타났다. 외출할 때나 예를 갖추어야 할 때에는 그 위에 두루마기를 입었다. 서민층에서는 저고리만 입거나 조끼까지 입는 것이 보통이었다.

본디 조끼는 서양 남성복 상의에 입었던 중간 옷이다. 전통 한복에는 필요한 물건을 지니고 다닐 호주머니가 없어 따로 주머니를 만들어 허

리에 찼지만, 조끼에는 호주머니가 달려 있어 간편했으므로 곧 유행했다. 조끼는 모양이 서양식이었지만 옷감은 한복지로 했으며 한복의 선을 살리고 양복의 편리함을 받아들였다.

마고자는 흥선대원군이 임오군란 때 청나라에 잡혀갔다 돌아오면서 입고 온 뒤부터 퍼졌다. 모양은 저고리와 비슷하지만, 저고리 위에 덧입는 것이므로 저고리보다 품도 넓고 길이나 소매도 길어 넉넉하다. 앞섶을 마주 여미고 옷고름이 없는 것이 특징이다. 옷고름 대신 호박이나 금동을 단추처럼 달았으며, 주로 외출할 때 입었기에 털이나 솜을 두툼하게 넣었다. 1895년 을미의제개혁 때 여러 포를 한가지로 통일하여 두루마기로 했다. 예전에는 서민이 입지 못했던 옷을 모든 사람이 입을 수 있게 함으로써 두루마기는 '만민 평등의 옷'이 되었다. 두루마기라는 말은 밑단 폭이 쭉 돌아가며 두루 막혔다는 뜻을 가진 '두루막이'에서 비롯되었다.

1920년대가 되면 양복이 의생활 문화 속에 한 자리를 차지하며 차츰 일반 사람에게 퍼졌다. 경성과 대도시에서 일본 사람이 양복을 입고 돌아다니는 모습을 자주 볼 수 있었을 뿐 아니라, 한국 관리와 상인도 곧잘 입었다. 1930년대에는 유학생이 들어오면서 양복이 크게 번졌다. 한국인 엘리트는 두루마기 대신 양복에 스프링코트와 오버코트를 입었으며 셔츠, 넥타이, 모자, 구두, 지팡이, 회중시계, 넥타이핀 등의 장신구를 갖추었다. 1920년대 충무로 일대에는 일본인 양복점이 100여 개, 종로 일대는 한국인이 경영하는 양복점이 50여 개나 되었다. 양복 수요가 늘자 서울을 비롯한 전국 곳곳의 대도시에 양복기술자 양성기관인 양복실습소가 생겼다.

1920년대에 남성 엘리트층은 주로 양복을 입고, 민중은 고유의복을

그림 2-1 · '꼴불견 대회'라는 풍자 삽화. 근대로 넘어가는 과도기에 옷차림새가 뒤섞여 있음을 보여 준다(『별건곤』, 1927년 7월호, 42~43쪽).

입었다. 양복은 근대문명과 근대제도를 상징하면서 옛 옷을 위압했다. 김동인이 쓴 소설 『수평선 너머로』에서는 "농촌에서 양복쟁이 위력은 당당하였다"라며, 옛 옷을 입은 한 노인이 '양복쟁이' 앞에서 쩔쩔매는 모습을 그렸다.

여성, 장옷을 벗고 양장을 하다

여성의 양장은 양복보다 늦게 보급되었다. 개화기에 서양문물을 만날 수 있었던 고관 부인, 외교관 부인, 유학생이 양장을 입기 시작했다. 누가 처음으로 양장을 했는지는 의견이 엇갈린다. 1899년 윤치호의 부인 윤고라(또는 윤고려)라는 설도 있고, 신문기사에 나타나는 경옥당이라는 여성이 맨 처음이라고도 한다. 1895년 무렵 고종 황비인 엄비가 양장을 하고 기념사진을 찍은 모습이 보임으로써 이를 첫 양장 차림으로 보는 견해도 있다.

여성복에서 가장 큰 변화는 장옷과 쓰개치마를 벗은 것이었다. 조선 시대에는 내외법에 따라 여인이 장옷, 쓰개치마, 천의, 삿갓 등으로 얼굴을 가렸다. 여성이 사회로 진출하면서 장옷 벗기 운동이 일어났다. 그러나 '개화여성'이라 할지라도 장옷을 벗고 곧바로 맨얼굴로 다닌다는 것은 아직 낯 뜨거운 일로 여겼다. 이때 장옷을 대신한 물건이 검정 우산이었다. 양산 바람은 배화학당에서 먼저 불었다. 1911년 다른 학교보다 늦게 쓰개치마를 폐지했는데도 학생들의 자퇴가 잇따르자 난처해진 배화학당은 쓰개치마 대신 검정 우산을 나누어 주어 얼굴을 가리도록 했다. 이 유행이 일반 부녀자에게도 옮겨 가 검정 우산은 모든 여성의 필수품이 되었다. 얼굴 가리개로 쓰던 우산은 차츰 햇볕을 가리는 양산으로 바뀌어 실용성과 함께 여성의 장식용으로 자리 잡았다. 현진건이 쓴 단편소설 「빈처」에도 "양산을 펴들고 이리저리 홀린 듯이 들여다보고 있는 아내의 눈에는 나도 이런 것을 하나 가졌으면 하는 생각이 역력히 보인다"라는 대목이 나올 만큼 양산은 여성이 꼭 갖고 싶은 패션 품목이었다.

1910년대에는 한복을 즐겨 입자는 주장과 함께 한복개량운동이 일어났다. 남성은 '개량한복'이 아닌 양복을 선택했지만, 엘리트층인 신여성은 거의 개량한복을 입었다. 짧은 검정 통치마에 흰 저고리였다. 이러한 1920~1930년대 개량한복은 오랫동안 '신여성'의 상징이 되었다. 장옷 차림에 눈만 내놓고 다니던 여성들은 이제 종아리를 드러내는 통치마에 구두를 신었다. 처음에 통치마는 발등에서 조금 올라오는 길이였다. 차

츰 짧아져서 종아리가 드러나 보이게 되
자 '깡동치마'라는 별명이 붙기도 했다. 가
슴 위까지 올라갔던 저고리는 허리까지
내려오고, 고름 대신 단추를 달았다. 치마
도 굵은 통주름을 잡아 서양의 플리츠스
커트와 비슷한 모습이 되었다. 이전의 한
복은 '구식 부인'만 입었고, 신여성은 짧은
치마와 긴 저고리의 간편한 개량한복을
입고 거리를 거닐었다.

속옷에도 변화가 생겼다. 속적삼, 단속
곳, 바지, 속속곳, 다리속곳, 너른바지 등
의 옛 속옷은 긴 저고리 짧은 치마에는 어
울리지 않게 되면서 셔츠, 팬티 등 간편한
내의로 차츰 바뀌었다.

셔츠가 들어온 것은 1920년대부터였
다. 속적삼은 여자용 셔츠로 바뀌었다. 팬
티를 입게 되자 속속곳과 다리속곳이 없
어지면서 팬티 위에다 단속곳, 바지를 입
었다. 특히 짧은 치마를 입던 신여성은 바
지 단속곳 대신 '사루마다'라는 무명으로
만든 짧은 팬티를 입었고, 어깨허리가 달
린 속치마를 입었다. 그러나 바지만은 오
늘날까지 남아 긴 치마의 한복을 입을 때
겉옷을 풍성하게 해 주고 있다. 이 시기에

그림 2-2 • "예전에는 눈만 내놓고 다니다가 지
금은 눈만 가리고 다닌다." 장옷을
입었던 옛 여인과 양장에 구두 그리
고 장옷 대신 우산을 든 신여성을 비
교하고 있다(「신구대조 1」, 「동아일보」,
1924년 6월 11일 자).

그림 2-3 • '개량형 속치마와 속바지(「여성」,
1937년 8월호)

새로 나타난 것이 속치마이다. 속치마에는 어깨허리가 달려 있었다. 이것은 1920년대 이화학당에서 입은 교복 치마에서 비롯된 것이라고 한다.

1920년대 들어서면서 차츰 양장하는 사람이 늘어났다. 양재법이나 양재강습소에 대한 기사가 신문이나 잡지 지면을 차지하게 되었다. 의복 관리법이나 유행하는 의복의 경향, 해외 유행에 대한 소식 등의 비중이 더욱 높아졌다. 1930년대에 양장은 종류가 다양해졌고 차츰 지방까지 보급되었다. 학교에서 양장을 교복으로 정하면서 그것을 본뜬 옷이 유행했다. 블라우스, 스커트, 스웨터, 세일러복 등과 비슷한 옷차림이 퍼졌다. 그렇다고 하루아침에 치마저고리가 스커트와 블라우스로, 버선과 비단신이 스타킹과 하이힐로 바뀐 것은 아니었다. 한복과 양장이 뒤엉켰다. 1930년대에 이르면 '양장 전성시대'를 맞이했다는 신문기사가 나올 만큼 양장을 입는 사람이 늘긴 했지만, 아직도 보급 속도는 느렸다. 여성이 등장하는 광고에도 한복을 입은 모습이 많았다. 그러나 다음 글에서 보듯이, 양장은 한복을 위압하며 차츰 자리를 넓혀 갔다.

사실 은주는 양장한 경희를 대하면 어디서 오는 것인지 알 수 없는 위압을 느끼어서 말 같은 것도 순서 있게 건네지 못하는 저 자신을 발견하곤 했다. 그러나 경희가 이렇게 남치마에 노랑저고리를 입고 흰 버선을 신으면 그것은 벌써 은주에게 하나의 어린애에 불과하다고 느껴지는 것이다(김남천, 『사랑의 수족관』, 1940).

2. 새로운 유행과 패션

상투를 자르고 새 모자를 쓰다

남녀의 머리 모양은 여러 번 고비를 겪으며 변화를 거듭했다. 맨 처음 상투를 자르고 하이칼라 머리를 한 사람은 서광범이다. 서광범이 조사 시찰단 가운데 한 사람으로 일본 요코하마를 시찰할 때 세브란스 병원 설립자인 언더우드(H. G. Underwood)가 권유하여 양복을 입고 하이칼라 머리를 했다. 뒤따라 김옥균 등이 양복을 입고 단발을 했다. 1895년 일제는 위생에 이롭고 활동하기가 편리하다면서 단발령을 내렸다. 단발령을 내린 개화파 정권에 맞서 유생이 의병을 일으키기도 하는 등 우여곡절을 겪었지만, 상투를 억지로 또는 스스로 자르는 사람들이 차츰 늘었

다. 일본에서 발행한 한 신문은 "단발령 시행으로 일본 이발관이 번창하게 되었으며, 양복점, 구두, 모자, 그 밖의 양복 부속품도 보통 때보다 두 배 넘게 팔렸다"고 적었다.

"신체발부는 부모에게 받은 것이니 감히 훼손하지 않는 것이 효의 시작이다"라는 『효경(孝經)』 구절은 시대의 흐름 앞에 힘을 잃

그림 2-4 • 초기 이발소를 회고한 그림. 정작 이발소 주인은 상투를 틀었다(『매일신보』, 1930년 5월 2일 자).

었다. 사람들은 이발소에서 머리카락을 자르고 면도를 하는 것을 '신식'과 '모던'으로 가는 길처럼 여기기 시작했다.

갓, 망건, 탕건 등 갖가지 모자로 신분, 나이, 계급, 직업을 표시하던 '모자의 나라' 조선에서 상투가 사라지면서 서양 모자가 유행하기 시작했다. 처음에는 단발한 머리를 가리려고 검은색 중산모자를 구하던 사람들이 서양 모자를 어느

그림 2-5 • 모자가 바뀌면서 인사 예법도 바뀌었다. 예전에는 갓을 쓰고 인사해야 했지만, 이제는 모자를 벗고 인사해야 한다(「신구대조 12」, 「동아일보」, 1924년 7월 3일 자).

덧 신식 문명의 상징으로 여기기 시작했다. 나아가 맥고모자, 파나마모자, 중절모자, 도리우찌 모자 등의 갖가지 모자를 어엿한 패션으로 받아들이게 되었다. 남성 한복에 모자를 쓴 모습도 익숙해지기 시작했다. 1930년대가 되면 남자의 단발은 더 이상 패션의 의미를 갖지 못했다. 다만 상고머리부터 하이칼라 머리, 오부·삼부 머리, 올백 머리, 지진 머리를 거쳐 장발에 이르기까지 갖가지 머리 모양이 유행을 타기 시작했다.

여성의 머리 모양에서는 히사시가미가 새로운 유행으로 나타났다. 히사시가미란 서양 부인의 머리 모양을 흉내 내어 1900년 무렵 일본에서 유행하였던 것으로, 앞머리를 불룩하게 빗어 올리고 뒷머리는 들어 올

리는 머리 모양이었다. 히사시가미는 1910년대 여학생을 중심으로 크게 유행했다. 그 뒤 가르마를 비스듬하게 타고 뒷머리를 올린 트레머리로 바뀌어 오랫동안 이어졌다. 1930년대에 단발이 보급되기까지 많은 여학생이 부러워했던 머리 모양은 서양식 트레머리였다.

단발한 여성, 사회에 도전하다

남성은 1895년 단발령을 계기로 짧은 시기에 강제로 단발했지만, 여성은 스스로 오랜 시간을 두고 천천히 단발했다.

강향란이라는 기생이 갑자기 머리를 깎고 남자 옷을 입고 엄연히 강습원에 통학 중이라 한다. 암탉이 새벽에 우는 것도 그 집안이 무너질 장본이라 했다. 하물며 여자가 남자로 모습을 바꾼 것이야 변괴가 아니고 무엇이리오. 이러한 천괴의 물건은 우리 사회에서 한 사람이라도 조속히 매장해 버려야 될 것을 그 강습원에서는 무슨 이유로 입학을 허가하였는지 실로 의문이며 가통할 일이다(부춘생, 「토목언」, 『시사평론』, 1922년 7월호).

처음 단발한 여성은 기생이었다. 강명화라고도 하고 강향란이라고도 한다. 기생 출신으로 나중에 사회주의자가 되었던 강향란은 기생 시절에 겪은 자유연애와 실연, 그리고 뒤이은 자살 미수 사건 등으로 언론에 자주 오르내렸다. 1920년대 여성의 단발은 사회주의가 유행한 것과도 관계가 있다. 자유주의 여성은 위생적이고 편리하며 합리적이라는 이유를 들어 단발을 했다. 거기에 덧붙여 허정숙, 주세죽, 심은숙, 정칠성 같은 사회주의 여성은 여성해방과 반봉건운동 차원에서 단발을 했다.

허정숙은 "단발은 현 사회제도를 부인하고 거기 딸린 풍속이나 습관, 도덕, 법률을 부인하는 현대상의 하나"로 보아야 한다고 주장했다. 여성에게 단발은 그저 머리카락을 자르는 행위가 아니라 사회에 대한 반항이며 도전이었다. 단발한 여성은 '신식 여인하고도 최신식의 단발미인'이라 하여 뭇 사람의 호기심을 불러일으켰다. 단발여성을 미행하여 그 정체를 밝히는 잡지기사가 실릴 정도였다.

오른편 어떤 큰집 행랑 같은 곳으로 어떤 신식 여자 두 분이 손목을 마주 잡고 나선다. 눈치 빠른 C는 언제 보았는지 내 옆구리를 뚫어지게 쿡 찌르며 '이크 단발미인!' 하고 걸음을 멈추면서 나보고 보라는 듯 은근히 수군거린다. …… 우리 뒤에 오는 사람들도 언제 보았는지 벌써 '단발양! 단발미인!' 하고 서로 주고받고 떠든다. 앞으로 오는 사람들도 '꽁지 빠진 병아리 같다'느니 '송락 쓴 여승 같다'느니 별별 해괴한 수작이 다 들린다 (복면자, 「경성 명물녀 단발낭 미행기」, 『별건곤』, 1926년 12월호).

"세계 일주 여행 중에 있는 나혜석 여사는 프랑스 파리를 중심으로 하고 미술을 연구하는 터인데 최근에 단발을 하였다는 소식이 있다"는 기사가 신문에 실리던 때였다(『조선일보』, 1927년 11월 9일 자).

사람들은 신여성 '모던 걸(modern girl)'을 비틀어 '모단(毛斷) 걸'로 불렀다. 보수적인 남성들은 '못된 걸'이라고 조롱했다. 남성의 단발은 개화와 근대화의 상징이었지만, 여성의 단발은 전통을 파괴하는 것이라고 비난했다. 단발여성은 전통의 억압에 짓눌렸으며, '사치와 향락에 빠진 여인'이라는 따가운 눈길을 받아야 했다. 그들은 남성 중심의 편견에 시달려야 했고 전통과 인습에 젖은 여성에게서 소외되기도 했다.

처음에는 몇몇 여인이 단발
하는 데 그쳤지만, 1930년대
중반부터 단발 바람이 불었
다. 나아가 젊은 여성들이 단
발 위에 '물결을 일으키는' 파
마를 하기 시작했다. 파마 머
리를 '까치 둥우리'라거나 '사
자 대강이'라고 비난하는 사람
이 많았다. "머리를 지지고 꼬
부리고 하는 파마는 밖에서
들어온 이상한 풍속이기 때문

그림 2-6 • '파마'에도 여러 스타일이 있었다(「방황하는 전발」, 「조광」,
1939년 12월호).

에 멀리하고 윤기가 흐르는 검은 머리를 지켜야 한다"는 비판이 있었지
만, 파마가 유행하는 것을 막을 수는 없었다. '가장 참신한 현대미'인 파
마는 전발(電髮), 숙발(淑髮), 축발(縮髮)로 이름을 바꾸면서 크게 유행했다.
1942년에는 경성에서만 1개월 동안 파마하는 여인이 4만 명이 넘었다(「숙
발 자숙하라」, 「매일신보」, 1942년 9월 30일 자). 단발과 파마가 유행하자 여자 모자도
유행을 좇았다. 영화의 영향을 받아 서양 머리 모양을 본뜨기도 했지만,
많은 여성이 일본에서 유행하던 머리 모양을 따랐다.

새 신을 신고, 유행의 거리를 걷다

1910년대 후반에 이 땅에 모습을 보인 고무신은 짚신이나 비단신·가
죽신·나막신을 신던 우리에게 그야말로 '진귀한 상품'이며 '문명의 귀품'
이었다. 조선 사람 가운데 맨 처음 고무신을 신은 사람은 창덕궁에 유폐

되어 있던 순종이다. 어떻게 고무신을 신게 되었는지는 알려져 있지 않지만 순종은 하얀 고무신을 즐겨 신었다고 한다.

1918년 일본 고베(神戶)에서 고무에 유황을 섞어서 열을 가해 탄성을 높인 기술로 고무신발을 만들기 시작했다. 그러나 일본 사람들이 공기가 잘 통하지 않는 고무신발을 외면하자 생산업자들은 조선과 중국으로 눈을 돌렸다. 뜻밖에 인기가 있자 그들 말로 '배 모양 고무신'이라는 조선인용 고무신을 만들어 수출하기 시작했다. 곧이어 조선에서도 고무신을 만들기 시작했다. 남성용 막고무신과 버선을 닮은 여성용 '코고무신'이 나왔다. 남성용 고무신이나 코고무신 모두 신발의 입구가 넓은 전통신을 계승했다. 예전에 신었던 짚신이나 미투리에 견주어 고무신은 말할 수 없이 편리했다. 값이 싸고 질긴 데다 비가 와도 나막신으로 갈아 신을 필요가 없었다. 겉모양도 옛날 특수층이나 신던 갖신, 비단신과 비슷하고 가볍기까지 했다. 주로 앉아서 생활하는 주거양식에서 쉽게 신고 벗을 수 있는 고무신은 무척 편했다. 이런 까닭에 고무신 인기가 치솟자 주로 고무신을 생산하던 고무공업도 발달하여 이미 1923년 무렵에 공장

그림 2-7 · 1년 동안 신을 만큼 질기다는 고무신 광고(『신동아』, 1931년 11월호)

수가 20개에 이르렀고 광고전도 치열했다. 별표 고무신은 "강철보다 질기다"라고 선전했다. '대륙표 고무신'은 순종이 고무신을 즐겨 신는다는 소문을 듣고 "이왕(李王)께서도 이용하니 조선 국민 모두가 이용하기 바란다"는 광고를 싣기도 했다. 발목이 드러나는 치마를 입은 여학생과 신여성은 주로 구두를 신었고, 긴 치마를 입은 일반 부녀자와 기생은 고무신을 신었다. 긴 치마에는 구두보다 고무신이 더 잘 어울렸기 때문이다.

1930년대 중반에 이르면 도시 사람들은 대부분 고무신을 신을 수 있었지만, 시골에서는 아직 고무신을 신기가 어려웠다. 많은 사람들은 여전히 짚신과 나막신을 신었다. 짚신은 값이 쌀 뿐만 아니라 땀이 배지 않아 구두나 고무신보다 좋은 점도 있었다. 나막신은 진흙 길을 다니기에 편해서 사람들이 여전히 즐겨 신었다.

1937년 중일전쟁이 터지자 고무산업은 침체했다. 고무 수입이 중단되면서 고무신 값은 전년의 세 배로 올랐고 그나마 돈을 주고도 살 수 없는 품귀현상이 벌어졌다. 1941년 7월부터 고무신도 배급제를 실시했다. 그러자 고무신을 높은 가격에 몰래 파는 상인이 생겨나 경제경찰이 단속하기도 했다.

서양 옷이 들어오면서 구두도 따라 들어왔다. 조선 사람으로 누가 맨처음 구두를 신었는지는 정확하게 알 수 없다. 아마도 일본에 조사시찰단으로 갔다 온 개화파나 미국에 다녀온 외교관이나 유학생이었을 것이다. 일제가 조선을 강점한 뒤 조선 신사들은 일본 수입품인 구두를 사서 신었다. 1920년대에 들어서면서 양화점도 빠르게 늘어났고 제법 규모가 큰 양화점은 신문마다 광고를 내기도 했다. 양복을 입고 반짝이는 구두를 신는 것이 새로운 신분의 표시가 되었다. 1930년대에는 여러 모양의 구두가 나왔다. '모던 보이'는 흰색 구두를 뽐내고 다녔으며 '모던 걸'

그림 2-8 • '갓 쓰고 구두 신은 양반'이 종로 네거리를 걷고 있다. 차츰 사람들이 구두에 익숙해져 가고 있음을 보여 준다(「유행의 몇 가지」, 『동아일보』, 1924년 3월 18일 자).

그림 2-9 • '신식구두'와 '구식구두'. '신식'일수록 유선형으로 날렵해지고 있음을 알 수 있다(「신동아」, 1932년 11월호).

은 하이힐을 신고 다녔다. 그러나 이 무렵 구두 한 켤레 값이 벼 두 섬과 맞먹을 만큼 비쌌으므로 구두는 사치품에 속했다.

개화기와 식민지 시대를 거치면서 이 땅의 패션은 유행의 물결을 탔다. '비행기 타고도 따라가기 어려운' 유행의 속도를 비난하는 사람도 있었고, 유행을 '전염병 같은 것'으로 비유하는 사람도 있었다. 그때 말을 빌리면, 유행이란 "시비조로 한번 보고, 우습다고 한번 보고 하는 사이에 호기심을 갖게 되고, 흉허물 없이 보이고 좋아 보이고 해서 결국은 시비하던 사람이나 흉보던 사람이나 다 같은 모양이 되어 버리는" 그런 것이었다.

1920년대 말부터 불기 시작한 본격적인 유행의 물결은 1930년대에 들어와서 더욱 빨라졌다. 많은 사람이 재빨리 유행을 따랐다. 유행은 가장 먼저 옷부터 시작해서 머리 모양, 음악, 취미 등 각 영역에서 사람의 겉모습과 태도를 바꾸어 갔다. 그것은 조선이 일본의 상품시장으로 서

서히 자리 잡아가면서 자연스럽게 이루어진 것이었다. 원래 자본이란 끝없이 시장을 창출해 가지만 삶의 미세한 영역 하나하나에서도 시장을 만들어 낸다. 그러나 이 무렵 유행이 무턱대고 서구를 본받거나 언론매체의 선전과 광고 등에서 영향을 받은 것만은 아니었다. 유행은 사회의 현실을 반영하기도 했고, 한 개인의 욕망과 요구

그림 2-10 · 여성들의 여우목도리와 남성들의 나팔바지가 유행하고 있음을 보여 주는 만화(『매일신보』, 1934년 1월 26일 자)

를 받아들이기도 했다. 그러나 끼니조차 잇기 힘들었던 식민지 민중에게 유행이란 먼 나라 이야기였다.

3. 일제의 의복 통제와 전시 패션

'흰옷 중독자', 이곳에 들어오지 말 것

한민족을 흔히 '백의(白衣)민족'이라 하지만, 왜 흰옷을 좋아하였는지 분명하지 않다. 고려 때부터 조정에서는 풍수설이나 절약운동 같은 이유를 들어 흰옷을 입지 못하게 했지만 좀처럼 바뀌지 않았다. 흥선대원

군 때나 대한제국 때에도 색옷을 입으라고 권장했으나 사람들은 흰옷을 계속 입었다. 일제는 그동안 이어 온 한국 사람의 생활방식을 깨뜨리려는 뜻에서 색옷 입기를 줄기차게 밀고 나갔다. 여기서 색옷이란 검은색 옷을 뜻했다. 1917년 조선총독부는 '흑색 견습생'을 모집하고 검은색의 좋은 점과 물들이는 방법 등을 교육시켰다. 1920년대부터 조선총독부 말단 조직인 군·면 등이 앞장서서 생활개선운동을 할 때 흰옷을 벗고 색옷을 입으라고 다그쳤다. 일제는 1930년대 농촌진흥운동과 자력갱생운동에서도 흰옷 폐지를 주요 목표로 삼았다.

색옷 입기 성과가 크지 않자 일제는 언론을 통해 "당국이 온힘을 기울여 세배꾼도 모두 색의를 입었다"라고 선전하고, "백의는 유령이 입는 옷"이라고 협박하기도 했다. 그래도 눈에 띄는 성과가 없자 일제는 방법을 달리했다. 장날에 관리가 '색의 장려' 등을 새긴 큰 도장을 옷에 찍었고 검정 물이 든 물총을 쏘기도 했다.

지난 12일 해남읍 시장에서는 난데없는 검은 물방울이 쏟아져서 모여든 수천 군중은 어쩔 줄을 모르고 갈팡질팡 일대 소동을 일으킨 일이 있었다. 들은 바에 따르면 해남면에서는 색의 장려로 직원과 소사가 총출동하여 각기 물총을 가지고 일부러 검정물을 뿌린 것이라는데, 때는 마침 정초이고 장날이라 모처럼 새 옷을 갈아입고 장도 보고 세배도 겸하여 왔다가 뜻밖에 먹벼락을 당하고 어이없이 돌아갔다 한다(『동아일보』, 1931년 3월 1일 자).

그 밖에도 관공서 앞에 "백의 중독자는 출입을 금한다"는 간판을 달고 면사무소와 관공서 등에 들어가지 못하게 했으며, 공사판 인부로 채용하지 않는 일도 있었다. 서약서를 쓴 다음에도 계속 흰옷을 입으면 벌금을 물리기도 했다. 색의 입은 실적이 좋은 마을에는 상을 주거나 염료를 무료로 또는 싸게 주는 유인책을 쓰기도 했다.

태평양전쟁으로 사치품 금지령이 내려지는 1940년대가 되면 패션은 더욱 우중충해졌다. 이화여전 기숙사에서는 이불 색깔까지 규제했고, 염색실에서는 학생들의 색깔 있는 목도리를 검은색으로 물들여 주었다. 전쟁 막바지인 1945년 7월, "적 비행기에서 내려다보면 눈에 잘 띄니 흰옷을 벗자"는 것을 마지막으로 일제의 흰옷 말살 정책은 끝을 맺었다.

사치를 하지 말며, 국민복과 몸뻬를 입을 것

1937년 중일전쟁이 일어나고 사회가 전시체제로 바뀌면서 식민지 조선은 병영처럼 되어 갔다. 일제는 '생활의 전시태세화'를 부르짖고 '간소한 국민생활 실현'을 강조했다. 그에 따라 일제는 옷을 통제하기 시작했다. '정신 차릴 수 없이 빠른 유행'도 멈추었다. 학생의 제복을 '결전형'으로 통일하고, 일반 국민에게 '국민복'과 '근로복'을 입도록 했다. 일본에 앞서 식민지 조선에서 국민복이 먼저 모습을 드러냈다.

국민복은 관공서 직원과 남성교원이 먼저 입기 시작해 청년훈련소생, 청년단의 남자단원에게 확대되어 갔다. 일제는 국민복은 "와이셔츠도 넥타이도 필요하지 않고 군복도 되는 편리함이 있다"고 선전했다(『매일신보』, 1940년 2월 2일 자). 일반 시민에게도 국민복을 입을 것을 권장했지만, 국민복이란 기존에 양복을 입던 사람이 양복을 새로 만들어 입을 때 양복 대신 입으라는 옷이었다. 따라서 양복 입을 형편이 못되는 일반 서민에게는 해당하는 사항이 아니었다.

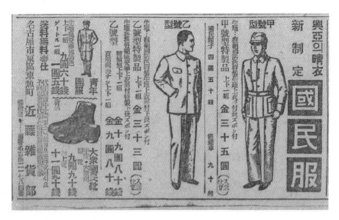

그림 2-11 • 갑을 국민복과 청년단복 광고(「매일신보」, 1941년 4월 16일 자)

'여성의 국민복'인 '몸뻬'는 에도시대 일본 동북 지방 농촌에서 일할 때 입던 옷이다. 일제는 전시체제가 되면서 간단복과 몸뻬를 권장했다. 간단복은 서양식 의복이며, 몸뻬는 일본의 노동복이었다. 식민지 조선에 몸뻬가 언제 들어왔는지는 명확하지 않다. 처음에는 주로 방공(防空) 연습할 때에 입었던 것으로 보인다.

여성이 강제동원이나 훈련을 받으러 나갈 때는 반드시 몸뻬를 입어야 했다. 일부 지역에서는 기차를 탈 때 몸뻬를 입지 않으면 태워 주지 않았기 때문에 눈속임으로 치맛자락 양쪽을 두 가랑이 사이에 묶어서 비슷한 모양을 내어 모면하기도 했다. 훈련받으러 갈 때면 위에는 조끼적삼이나 블라우스를 입고, 게다나 고무신을 신고 검정 몸뻬를 입었다.

한국 여성은 처음에는 몸뻬를 입는 것에 강하게 반발했다. 속옷 비슷한 바지를 겉옷으로 입는다고 생각했으며 마땅한 웃옷이 없는 상황에서 짧은 저고리 아래에 몸뻬를 입어 허리를 드러내는 것이 민망했기 때문이다. 훈련에 끌려간 사람들의 경험담에 따르면, "시숙이나 시아버지

앞에서 가랑이가 좁은 몸뻬를 입고
손을 번쩍번쩍 쳐들고 호령을 지르
면서 훈련을 받았는데 민망스러워
서 혼났다. 시아버지는 '젊은 년들
갈구쟁이(가랑이) 쳐들고 운동장 돌
아다닌다'고 매우 역정을 내셨다"고
한다.

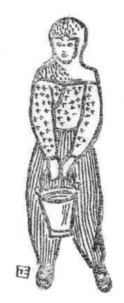

그림 2-12 · 일제가 강요한 '결전형 생활'에
꼭 입어야 할 몸뻬. 소방 훈련
을 위해 양동이를 들었다(「국민
총력」, 1943년 8월호).

그러나 몸뻬는 차츰 식민지 조
선 여성들의 의복으로 널리 보급되
어 갔다. 국민복은 남성 엘리트층이
주로 입었지만, 몸뻬는 농촌 여성
은 물론이고 도시 중산층도 두루 입
었다. 이 옷의 성격이 노동복이었기
때문에 일반 민중이 입기에 편했다.
몸뻬를 입어야 했던 시절, 여성의 삶은 더욱 고달팠다.

◎ 참고문헌

고부자, 『우리생활 100년·옷』, 현암사, 2001.

공제욱·정근식 편, 『식민지의 일상, 지배와 균열』, 문화과학사, 2006.

국사편찬위원회 편, 『옷차림과 치장의 변천』, 두산동아, 2006.

김경일, 『여성의 근대, 근대의 여성』, 푸른역사, 2004.

김주리, 『모던 걸, 여우 목도리를 버려라』, 살림, 2005.

김태수, 『꼿가치 피어 매혹케 하라』, 황소자리, 2005.

다이애너 크레인 지음, 서미석 옮김, 『패션의 문화와 사회사』, 한길사, 2004.

문화관광부·한국복식문화 2000년 조직위원회, 『우리 옷 이천 년』, 미술문화, 2001.

유수경, 『한국여성양장변천사』, 일지사, 1990.

유희경·김문자, 『(개정판)한국복식문화사』, 교문사, 1998.

이경훈, 『오빠의 탄생』, 문학과지성사, 2003.

이이화, 『한국사 이야기 22: 빼앗긴 들에 부는 근대화 바람』, 한길사, 2015.

임형선·이종수·양충자 구술, 김미선 편, 『모던걸 치장하다』(구술사 사료 선집 6), 국사편
찬위원회, 2008.

전완길 외, 『한국생활문화 100년』, 장원, 1995.

태혜숙 외, 『한국의 식민지 근대와 여성공간』, 여이연, 2004.

W. E. 그리피스 지음, 신복룡 역주, 『은자의 나라 한국』, 집문당, 1999.

3장

연애
연애는 지상지순한 도덕이요
예술이요 종교이다

이
임
하

1. 연애, 근대성의 표지

연애는 '조선사람이 창작한 것이 아니라 수입된' 말이었다. 예부터 남녀 사이의 감정을 가리키는 말로 연(戀)이나 정(情), 애(愛) 같은 한자어는 있었지만 서구의 'love'에 해당하는 말은 찾을 수 없었다. 개인이 자유롭게 선택한 사랑은 기존의 어떤 단어도 포괄할 수 없었다. 이러한 사정 아래에서 쓰이게 된 말이 '연애'이다.

연애라는 말은 1912년경 소설을 통해 처음 쓰였다. 『매일신보』에 연재된 조중환의 번안소설 『쌍옥루』는 젊은 남녀의 연애를 지극히 신성한 일이라고 말하였고, 이상협의 『눈물』은 연애를 순결, 신성과 같은 수식어와 함께 사용하였다. 이때까지만 해도 '연애'는 자주 쓰이지는 않았고 일반적으로 받아들여지지도 않았다. 연애라는 말이 젊은이들의 감정과 행위를 대변하는 대중적인 말이 된 것은 1920년대 들어서였다.

일본으로 유학 간 젊은 남녀 학생들이 근대사조의 하나로 자유연애사상을 받아들였다. 자유연애사상은 곧 이들에 의해 식민지 조선에 소개되어 하나의 유행이자 이상(理想)으로 자리 잡아갔다. 자유연애 열풍은 구리야가와 하쿠손(廚川白村)의 '신연애론', 엘렌 케이(Ellen Key)의 '연애결혼론'의 영향을 받았는데, 그들의 책 『근대의 연애관』과 『연애와 결혼』은 당시 젊은 학생과 지식인들의 필독서일 만큼 큰 인기를 누렸다.

　연애를 이상화하는 일은 무엇보다 연애를 '신성'의 경지에 올려놓는 데에서 시작하였다.

　　연애는 지상지순한 도덕이요 예술이요 종교이다. 왜냐하면 연애는 서로 사랑하는 두 개의 양성을 정화하고 순화하고 미화하여 그들의 생을 완성케 하는 까닭이다. 이것은 즉 자아의 확대와 자아의 해방이요 자아의 완성이다. 소아를 떠나서 대아에 안기는 이 경지에 이르러서 비로소 진정한 자유는 있는 것이다. 요컨대 이 연애의 심경은 불타의 해방이란 심경과 조금도 다를 것이 없는 절대경이다(김낭운, 「연애는 예술이다」, 『조선문단』, 1925년 7월호).

　이처럼 연애를 예술과 종교의 경지로 받아들이는 것은 당시 연애의 신성을 증명하는 가장 쉽고 편한 방법이었다.

　연애는 신성하며, 지고의 가치를 지닌다는 관념은 1920년대에 강력한 호소력을 가지고 지식인에서 사회 일반으로 퍼져 나갔다. 이렇게 연애는 근대의 뚜렷한 상징으로 예찬되고 숭배되었으며 우상시되었다.

　　연애는 청춘의 식욕의 그 가장 친한 자매며 또는 그 생명의 가장 가까운 죽마의 벗이다.

　　연애는 실로 청춘의 그 생명의 구하는 바의 최고가의 낙원이다.

연애는 실로 일종의 인간의 피 속에 피인 산 종교이다.

연애는 종교와 예술을 합병한 일종의 본능의 위에 간역(簡易)한 천국인 평민적 종합대학이다.

또한 연애는 어디까지든지 일개의 무정부주의적의 자유민이다. 연애의 앞에는 그를 견제하며, 명령하며, 압박할 하등의 권위자도 없다. 연애의 앞에는 '사랑한다, 사랑이 냉각하면 헤어진다' 하는 그 자신의 간단한 법률과 윤리가 있을 뿐이다. 연애 그 자신 이외의 자에게는 그 사랑을 방해, 견제, 압박할 권리가 없다. 만일 연애가 그 습관, 도덕, 법률, 기타의 위력 등의 간섭을 받는다 할진대 그는 타락된 연애거나 정복된 연애이다. 연애는 여하한 형식에 제한 자됨을 막론하고 그것이 그 당사자의 양심이 허락하는 자일진대 신성불가침이다(황석우, 「연애, 어느 애에의 박해를 받는 22의 젊은 영혼을 위하여」, 『개벽』, 1923년 2월호).

남녀평등이나 여성해방과 함께 등장한 자유연애는 전근대의 '습관, 도덕, 법률'들을 무력화하였다. 자유연애는 봉건적 억압에 대한 자유, 조혼과 강제결혼에 대한 사랑의 해방, 또한 남성에게 예속되지 않고 스스로 독립하여 자기 생활을 자기 손으로 영위하려는 여성들의 자기발견을 뜻하였고, 이를 바라는 사람들에 의해 옹호되었다. 1920년대 이전 조선의 젊은 지식인들은 '부모의 명령에 복종할까, 참다운 사랑의 길을 밟을까' 하는 문제로 갈등하곤 하였다. 그래서 1920년을 앞뒤로 발표된 소설들은 연애가 구세대와의 갈등을 거쳐서야 비로소 얻을 수 있는 가치임을 형상화하였다.

1920년대 젊은이들에게 연애는 논리로 설명할 대상이 아니라 맹목적으로 추구할 대상이었다. 왜냐하면 연애의 실천만이 연애의 '신성'을 드러낼 수 있는 단 하나의 방법이었기 때문이다. 그리고 이러한 연애를 추구하는 순간이야말로 자신이 남보다 우월하게 보이는 순간이었다. 그래서 우월한 자아가 추구하는 연애야말로 공정한 방법으로 결혼에 이르는 가장 중요한 조건일 수밖에 없었다. 이렇게 연애가 사람들의 정신세계를 아름답고 순수하게 만드는 중요한 매개가 되는 순간 연애는 단지 유한계급의 전유물이 아니라 모든 사람에게 가치를 지닌 것으로 확대되었다. 뿐만 아니라 연애는 도덕과 부도덕의 경계를 초월하고 동시에 국경을 넘어서는 것으로 인식되었다.

2. 연애편지로의 만남

식민지 조선에서 편지는 가장 첨단이면서 생활에 밀착된, 빠르고 정확한 사람 사이의 소통방법이었다. 통계에 따르면 1935년 한 해 동안 조선 안에서 오고 간 편지는 6억 2,100여만 통이었다고 한다. 당시 조선 인구가 어림잡아 2,000만 명 정도였음을 생각할 때 한 사람이 1년에 30통이 넘는 편지를 쓴 셈이 되며, 글을 쓸 줄 아는 사람의 비율을 15~20퍼센트로 추정하면 한 사람이 1년 동안 250~300통의 편지를 쓴 셈이다.

편지쓰기는 무엇보다도 연애의 가장 중요한 수단이었다. 편지쓰기가 현실에서 좁힐 수 없었던 남녀 사이 몇 발자국의 거리를 사라지게 한 셈이다. 사람들은 실제 서로 만나는 데는 수줍었던 반면, 편지를 통해 속마음을 주고받는 데는 격렬하였다.

이미 1920년대 조선에서 편지쓰기는 폭발적이었고 '편지교범'이 베스트셀러가 되어 꾸준히 팔렸다. 당시 유행했던 서한집『사랑의 불꽃』은 '연애편지' 교범을 만들면 잘 팔리리라는 출판사의 기획에 따라 만들어졌다. 이 책은 평범한 연애소설이 아니라 연애편지집이었다. 총 19편에 달하는 『사랑의 불꽃』속 편지는 첫 고백에서부터 이별에 이르기

그림 3-1 • 연애편지집 『사랑의 불꽃』의 광고로 '청춘남녀의 불타는 가슴을 휘저어 놓은 꽃 같은 향기인 웃음과 눈물'이라는 문안이 눈에 띈다(『동아일보』, 1923년 2월 10일 자).

까지, 연애과정에서 겪을 수 있는 다양한 사례를 다루고 있다.

1923년 연애편지집『사랑의 불꽃』은 폭발적으로 팔리며 수많은 아류들을 낳았다. 또한 잡지는 문인들의 편지들을 모은「문인서한집」이라는 제목의 특집을 자주 선보였다. 예를 들면『삼천리』1933년 3월호의「문인서한집」은 홍명희와 이광수, 모윤숙과 방인근, 박화성과 송계월이 주고받은 편지를 실었고, 1938년 5월호의「문인서한집」은 이광수, 김소월, 현진건, 박영희, 박화성, 김기진, 이원조, 이헌구, 강경애, 나도향 등이 대거 등장한 특집이었다. 다음의 글은 나혜석과 이광수의 연애편지로 나혜석의 글은 가상의 대상에게 보낸 글인 데 반해 이광수의 글은 동경에서 쓴 편지이다. 이렇게 연애편지를 공개하는 것은 연애를 거쳐 결혼에 성공한 젊은이를 소개하는 것뿐만 아니라 연애편지를 쓰는 양식을 알리기 위해서였다.

경애(敬愛)하는 Y씨

벌써 봄인가? 아마도 봄이 왔나 봐요. 봄이 왔지요? 글쎄요. 봄이 왔습니다 그려. 아아, 벌써 봄이로구나.

이 자연의 봄과 인생의 봄을 함께 가진 우리 양인은 얼마나 행복스러운가요. 가장 단순한 듯한 자연이 우리에게 가장 염증을 아니 주는 것을 보면 자연력이란 그 내재력이 풍부한 것인가 보아요.

귀공은 임의 인정미와 인간애가 겸비하신 분이니까 다 짐작이 계실 줄 알며 나를 영원히 사랑하고 아껴 주실 줄 믿으며 내 성의가 다하도록 이것을 받고 품에 안고저 하나이다(나혜석, 「독신여성의 정조론」, 『삼천리』, 1935년 9월호).

사랑하는 내 영(英)

…… 내가 진실로 영의 생명일진댄 진실로 영의 몸과 마음을 내게 주었을진댄 그렇지 아니할 줄 아옵니다. 내가 내 일생을 영에게 일임하듯이 영은 왜 영의 일생을 내게 일임하지 아니하십니까. 영의 사행(思行)이 내게 큰 불안을 주신 것이 이 때문입니다. 영은 아직도 "나는 광(光)의 것이다" 하는 생각이 없으십니다(「이광수, 허영숙 양 씨 간 연애서한집」, 『삼천리』, 1935년 5월호).

편지는 단순한 사랑의 표현일 뿐만 아니라 물질이기도 했다. 언어를 통한 자기표현 못지않게 중요한 것이 편지지와 향수, 말린 꽃잎 따위의 장식이었다. 집 안에 있는 아가씨에게는 크림 로즈나 핑크 빛 편지지, 향수는 영란, 꽃은 물망초를 쓰고, 여학생에게는 은서(銀鼠, 족제비) 색 편지지에 재스민 향기, 음악회 입장권 두 장을, 과부에게는 흰 편지지를 쓰고 검은 튤립을 넣으라는 조언이 널리 유행하였다.

1920년대에는 남녀학생이 함께 모이는 모임이 공공연하게 이루어지

그림 3-2 • 1915년 9월 15일 준공된 경성우편국 건물로 근대적 건축양식을 보이고 있다.

기 시작하였다. 음악회나 강연회가 만남의 장소가 되었고, 전차나 기차 안에서 남녀가 엇갈리기도 했으며, 교회에서 만남이 이루어지기도 했다. 연애편지를 주고받으며 젊은이(학생)들은 얼굴을 보기 위해 또는 말을 걸기 위해 거리로 나섰다.

현대의 남녀는 대단히 명랑하다. 처녀는 수줍어하기를 잊은 지 오래다. 만일 그들의 한 쌍 연인이 아무러한 약속도 없이 거리에서 만났다고 하자.

'할로, 미스터 김'

두 남녀는 씽끗 웃고 거리 한 모퉁이에 있는 조그만 휴게소로 들어가 테이블을 사이에 두고 마주 앉는다. 색시는 아무 부끄럼도 없이 고개를 반짝 쳐들고 그에게 이야기하기를 썩 잘하며 그 사나이도 눈을 아래로 떨어트리고 온갖 예의를 갖추어 조심조심 그 여인에게 대답하는 대신 극

히 명쾌하게 피녀(彼女)의 미간을 함
부로 쏘아보는 것이다.

'홍차 한 잔씩을 들어 마신다. 실
로 현대의 연애는 이 홍차 한잔과
같이 쉽게 얻고 또 쉽게 잃어버리는
것이다'(이선희, 「연애관의 논전, 연애와 홍
차」, 『삼천리』, 제10권 제1호, 1938).

거리와 공적 공간에 진입한 여학
생들은 학교뿐 아니라 1920년대 달
라진 도시 풍경 속에서 음악회와 강
연회, 극장, 산책길에서 누구와도 자
유롭게 마주치는 근대적 주체였다.
동시에 당시 유행하던 '자유연애'의
주인공이기도 하였다.

그림 3-3 • 학교 앞을 지나가는 여학생에게 담장 안에서
남학생들이 바이올린을 켜고 하모니카를 불
거나 소리 지르는 모습과 이를 외면하는 여
학생의 모습(『별건곤』, 1927년 1월호)

3. 연애는 영(靈)인가, 육(肉)인가, 영육(靈肉)인가

영육의 갈림길

연애 교과서인 「연애초등독본」에 따르면 성욕은 남녀 모두에게 자연
스러운 것이었다.

연애는 성애와 끊을 수 없는 관계를 가지고 있습니다. 5월의 청초한 신록도 검은 흙 속에서 생겨난 것처럼 연애도 성욕이란 땅에서 솟아나는 생물입니다. 이 말이 너무 노골적이라 하시더라도 사실은 분명한 사실입니다. 사나이는 여자에 의하여 여자는 사나이에 의하지 않고서는 연애를 알고 연애를 찾고 연애를 완성할 수는 없습니다(을금향, 「연애초등독본」, 『신여성』, 1933년 5월호).

연애예찬론자들은 연애를 개인적이며 자연스러운 현상으로 인정하고 남녀 사이의 성욕 또한 자연스러운 본능이라고 말하였다. 이러한 생각은 다양한 해석과 논쟁을 불러왔다. 연애의 본질을 "한 상대를 영원히 사랑할 수 있을 때 자아완성에 가까이 갈 수 있다"며 정신과 관념의 차원으로 이해한 모윤숙은 육체적 결합은 자아완성을 어렵게 한다고 말하였다. 이에 비해 나혜석은 이 같은 생각을 비현실적 연애관이라고 비판하면서 "영(靈)과 육(肉)이 부딪칠 때, 존경, 이해, 동정이 얽힐 때 피는 지글지글 끓고 살은 짜릿짜릿하고 맥은 펄펄 뛰어 꼬집어 뜯고도 싶고 투덕투덕 두드리고도 싶어 부지불각 중에 손이 가고 입이 가고 생리적 변동이 생기나니 거기에는 아무 이유 없고 아무 타산이 없이 영육이 일치되는 것이요 가면에 영육을 따로 생각하리까?"라며 정신뿐만 아니라 육체적으로 결합한 연애가 진정하고 아름다운 것이라고 주장하였다.

영육이 결합된 연애가 자연스럽고 건전한 것이라고 이야기되었지만 사실 자유연애를 했던 많은 남성들은 이미 집안이 정해 준 여자와 어릴 적 결혼한 기혼자였다.

"조선에는 허스 남편감이 있어야지요. 참 큰일 났어요."

"왜 그렇다 말입니까?"

"자ー, 들어 보세요. 갈만한 데는 조혼을 해버려서 이제 겨우 소년을 면한 사람도 며느리나 사위를 보게 되었지요. 또 있다고는 젖내 나는 어린 사람이지요. 그 외에 있다고 해도 인물다운 사람이 있나요?" …… 그 사나이에게는 삼십여의 자기 동갑네의 아내가 있었고, 다섯 살 먹은 아들에 젖먹이 아이가 있었던 것이다(『조선중앙일보』, 1933년 9월 21일 자).

아내가 있는 남성과 자유연애 끝에 결혼한 여자를 당시에 '첩' 또는 '제2부인'이라고 불렀다. "제2부인이라는 것은 사회의 병폐로 인하여 생긴 기형적 존재이다. …… 현재의 제2부인이라는 것도 이 부권 중심 사회의 남녀 간 세력 불균형으로 생기는 기형적 존재의 유물이다. …… 새로 생긴 연처(戀妻)는 부(夫) 자신의 눈으로 유일무이한 제1부인이나 부모나 가정은 이를 인정치 아니하여 사회상 또는 법률상으로 형식의 제2부인에 불과했다"(유광렬, 「동의 또는 동정한다: 근본적 광정(匡正) 전에 신도덕률 수립」, 『신여성』, 1933년 2월호). 자유연애-자유결혼-신가정이란 이어짐은 시대가 말한 새로움, '신(新)'의 당위성이었지만 결국 그녀들이 새로운 것이라고 여겼던 '연애'는 그녀들을 지켜 주지 못했다. 따라서 신여성들이 꿈꾸었던 스위트 홈은 깨질 수밖에 없었다.

1930년대, 연애의 상품화

자유연애가 사회와 타협점을 찾지 못할 때 나타나는 극단적인 대응이 정사(情死)이다. 연애로 인한 자살이나 정사는 이미 1920년대 전반기부터 빈번하게 일어나며 사람들의 눈길을 끌었다.

　그때 신문을 읽으면 1921년에는 연애로 인한 자살이나 정사 사건을 보도하는 기사가 거의 보이지 않다가 1922년부터 조금씩 늘어났다. 특히 1923년에 일어난 강명화의 자살사건은 사람들의 눈과 귀를 집중시켰다. 기생이었던 강명화는 부잣집 아들과 사랑에 빠졌으나 남자 쪽 집안의 반대에 부딪히고는 애인을 위해 자신을 희생하기로 결심하고 스스로 죽어 갔다. 강명화의 자살은 '비극적 사랑의 주인공'으로 신문이나 잡지에 소개되었다.

　이어서 1926년 극작가 김우진과 성악가 윤심덕이 현해탄에서 동반자살한 사건이 일어났고, 여기저기서 두 사람을 비난하는 소리가 쏟아졌다. 그러나 역설적으로 사건이 신문에 크게 보도되면서 윤심덕이 부른 노래 「사의 찬미」의 인기도 높아졌다. 당시 「사의 찬미」의 인기는 그때까지 흔치 않았던 유성기 음반을 일반인에게 널리 알리는 계기가 되었을 정도였다. 그 영향으로 1927년 일동레코드사는 1923년 자살한 강명화를 소재로 한 노래 「강명화가」를 실은 레코드를 선보였다.

　1930년대에도 '정사'를 다룬 기사들은 여전히 사람들의 눈길을 끌었고, 비극적인 연애와 죽음에 대한 찬미가 이어졌다. 정사는 억압과 인습, 물질에 대한 추구로 가득 찬 식민지 현실과 타협하지 않고 아름다움과 순수를 지킬 수 있는 마지막 도피처로 여겨지고, 동경과 찬미의 대상이 되었다. 이를 더욱 부채질한 것이 바로 정사에 대한 상품화로 정사를 소재로 한 노래와 연극이 마구잡이로 만들어졌다.

　1933년 1월 「황성의 적(跡)」이란 노래로 널리 알려진 가수 이애리수가 이미 아내와 자식이 있던 연희전문 학생과 함께 음독자살 소동을 벌인 사건이 벌어졌다. 이때만 해도 사람들은 "연애가 인생의 전부가 아니"

며 "연애 이외에 허다한 임무를 가진 청년으로 연애에 생명을 던지는 것은 크나큰 잘못"이고 "사회적으로 민족적 정신으로" 용납해서는 안 된다고 말하였다. 그러나 같은 해 9월에 발생한 종로의 카페 여급 봉자와

그림 3-4 · 동반자살 사건의 인물인 김우진(1926), 이애리수(1933)

경성제대를 졸업한 의사 병운의 정사 사건은 다르게 받아들여졌다. 병운 역시 결혼한 아내와 자식이 있었는데, 주위의 따가운 질책과 죄책감을 견디지 못한 봉자가 먼저 한강에 투신해 자살하였다. 이튿날 이 사실을 안 병운은 가족에게 유서를 남긴 채 봉자가 투신한 바로 그 장소에서 봉자의 뒤를 따라 자살하고 말았다. 봉자와 병운의 자살이 사람들 사이에 널리 회자되면서 콜롬비아레코드사는 이 사건을 다룬 유행가를 기획했고, 이듬해 1월 「봉자의 노래」가 발표되었다.

사랑의 애달픔을 죽음에 두리
모든 것 잊고 잊고 내 홀로 가리

살아서 당신 아내 못 될 것이면
죽어서 당신 아내 되어지리다

당신의 그 이름을 목메어 찾고

또 한 번 당신 이름 부르고 가네

당신의 굳은 마음 내 알지만은
괴로운 사랑 속에 어이 살리요

내 사랑 한강물에 두고 가오니
천만 년 한강물에 흘러 살리다

이루지 못한 사랑에 대한 비통함을 표현한 이 노래는 당시 전성기를
구가하던 채규엽이 불러 더욱 인기를 끌었다. 다음 달 채규엽은 「병운의
노래」를 발표하여 불렀다.

영겁에 흐르는 한강의 푸른 물
봉자야 네 뒤 따라 내 여기 왔노라
오 님이여 그대여 나의 천사여
나 홀로 남겨 두고 어데로 갔나

「병운의 노래」에는 비극적인 사랑이 잘 묘사되어 있고, 유명한 일본인
작곡가 '고가 마사오'가 작곡했을 정도로 이제 '정사'는 노래나 소설 등에
가장 친숙한 소재가 되었다. 이어 봉자의 자살을 극화한 「봉자의 죽음」
이란 음반이 판매되었고, 여기에 「봉자의 노래」 일부가 주제가로 삽입되
었다. 이처럼 정사는 윤심덕, 강명화, 김봉자로 이어지는 노래로 대중들
에게 소비되었다.

그러다 보니 연애는 "방종한 자유사상과 이기적인 개인주의로 사회

의 원기를 퇴폐케 함과 동시에 인류의 문화를 타락의 심연"으로 이끄는 해악이라고 말해졌다.

4. 견전한 연애의 종착지, 결혼

식민지 조선이 전시체제에 접어들면서 연애에 대한 관심도 눈에 띄게 줄어들었다. 자유연애가 다시 사람들의 관심사가 된 것은 해방이 되면서부터였다.

자유연애는 "진실로 결혼이 연애를 기초로 하게 되면 축첩의 악습도 없어지고, 매소부(賣笑婦)도 존재할 여지가 없고, 이혼 수도 감해질 것이다. 연애의 자유, 일부일부제도의 확립, 남녀 상호 간의 요구, 공·사창제 폐지, 축첩의 금지, 부부간 문제의 가사조정심판소에서의 해결 등으로 혼인의 신중, 가정의 성화(聖化), 건전한 성도덕의 확립을 기해야 한다"(『여성신문』, 1947년 5월 23일 자)며 조혼이라는 봉건적 유습을 무너뜨리는 유일한 방법으로 말해졌다.

그렇지만 이때의 자유연애는 1920년대 제기된 다양한 실천과 논의와는 상당한 거리가 있었다. 말은 자유연애이지만 "우리는 그들의 가장 아름다운 청춘의 고민을 생각할 때 단속보다 먼저 이해하고, 그리고 다음은 적당한 기회와 장소를 선택해서 남녀교제는 죄악이라는 관념에서 이탈해서 자유로운 분위기 속에서 그들의 교제를 순조롭게 아름답게 공공연하게 전개시키도록 한다면 우리 사회는 오늘과 같은 풍기문란을 초래하지 않았을 것이다. …… 이러한 구김살 없는 정당한 교제만이 청년을

그림 3-5 · 열렬한 연애결혼이라며 열기를 끄기 위해 소방
수들이 물을 뿌리고 있지만 한국전쟁 뒤 먼저
부모의 허락을 받는 교제결혼이 많았다(『여원』,
1956년 2월호).

청년으로서의 야심과 정력을 기
울여 국가건설에 개인적인 반석을
튼튼히 할 수 있다"(『경향신문』, 1950년
2월 26일 자)고 하였다. 이제 자유는
사라졌고, 부모의 감시 아래서 교
제를 허락받고 하는 연애였다.

결혼을 전제로 하지 않은 연애
는 해악이고 풍기문란을 야기하는
것으로 여겨졌다. 이제 연애는 누
구와 결혼할 것인가의 문제로 남
게 되었다. 다음 글은 1930년대
와 해방 뒤 그리고 한국전쟁 뒤인
1950년대에 결혼과 관련한 여론
조사이다. 여론조사는 그 대상이
중학교, 전문학교, 대학교 여학생을 위주로 한 것이어서 당대 사람들의
전반적인 인식을 보여 주는 데는 한계를 지니지만, 당시 여성들이 인식
하는 일반적인 결혼관을 살펴보는 데는 큰 무리가 없다.

1932년

가장 주목을 끄는 것은 이것은 뿌르조아(부르주아) 여학생과 푸로레타리
아(프롤레타리아) 여학생을 구분하여 본 것이다. 즉, A=중역, 지주, 거상, 귀
족의 집 따님. B=졸업 후에 부모와 형제를 부조하여야 되는 중산계급 이
하의 가정의 따님.
결혼을 함에는?

연애로부터 결혼에 들고 싶노라

  A=100명 중 98명

  B=100명 중 67명

연애는 없이 그저 결혼하겠노라

  A=100명 중 2명

  B=100명 중 32명

부모의 매개(媒介)로서 결혼하고 싶노라

  A=전무(全無)

  B=100명 중 33명

우선 교제하여 본 뒤에

  A=100명 중 99명

  B=100명 중 72명

  (「푸로와 뿌르 여학생의 정조와 연애관」, 『삼천리』, 1932년 12월호)

1948년

모 여자대학(의) 결혼상대자에 대한 여론조사 …… 그 대략을 말하면, (결혼상대자는) 우선 연령은 25세에서 30세까지가 가장 많았다고 하고 학력은 모두가 대학졸업자가 아니면 대학원에 있는 사람들이라야 한다고 한다. 재산 정도는 적어도 중류계급 이상이라야만 한다고 하고 결혼은 연애결혼이냐 중매결혼을 원하느냐고 물었더니 70%가 연애결혼이고 나머지는 30%가 중매결혼을 원한다고 한다(『부인신보』, 1948년 10월 30일 자).

1955년

(결혼문제) A. 조혼이 좋다 20명. B. 만혼이 좋다 32명. C. 결혼을 안

하겠다 16명. D. 연애결혼을 하겠다 38명. E. 교제결혼을 하겠다 58명. F. 부모 의사를 따르겠다 44명(『경향신문』, 1955년 7월 24일 자).

1932년 조사에서 연애결혼을 바라는 여성은 80퍼센트를 넘고, 중매결혼을 바라는 부르주아 학생은 단 한 명도 없었다. 이러한 경향은 해방 뒤에도 다름없어 연애결혼을 바라는 여학생이 70퍼센트에 달하였다. 그런데 1955년 조사에는 연애결혼을 바라는 여학생이 38명인 데 비해 부모의 허락을 받고 일정 기간 사귄 뒤 하는 교제결혼을 바라는 여학생이 58명이고, 부모의 의사를 따르겠다고 답한 여학생도 44명이나 되었다. 식민지 시기와 해방공간에서는 그 실행 여부를 떠나 부모의 의사에 따른 결혼이나 중매결혼은 전근대적인 결혼방식으로 여겨져 기피해야 할 형식이었지만, 한국전쟁 뒤에는 중매결혼 또는 부모의 의사에 따른 결혼의 비율이 매우 높게 나타났다.

그러면 어떤 남성과 결혼할 것인가? 결혼상대자에 대한 호감도를 묻는 여론조사 결과는 다음과 같다.

1935년

서울 모 여자고등보통학교 졸업 예정에 있는 30명의 학생을 대상으로 설문조사를 하였는데, '선호하는 남편의 직업이 무엇인가'라는 질문에 학생들은 다음과 같이 대답하였다.

샐러리맨 12, 의사 6, 상인 4, 교사 2, 신문기자 2, 변호사 2, 예술가 1, 관리 1.

1938년

89명의 전문학교 졸업생을 대상으로 이상적인 남편상을 용모, 체격, 신장, 연령, 성격, 취미, 교육수준, 직업, 수입, 자산, 장남 여부, 지방 등에 관한 12개 항목으로 조사한 것을 종합한 결과, 인상 좋고 건강한 체격의 소유자로 2만 원가량의 자산에 전문학교 이상의 교육, 월수 80원 이상의 쾌활하고 문예와 스포츠를 이해하는 경기 이북 출신, 25.6세의 차남이라는 결론을 내렸다(『여성』, 1938년 3월호).

1948년

직업에서는 교육가가 제일 많았다고 하고 그다음에 종교가가 꽤 많았다고 한다. 그 외는 실업가 등 여러 가지 있었으나 문학가나 예술가를 원하는 분이 적고 정치가나 혁명가 또는 공장기술자 같은 사람을 원하는 분은 없었다고 한다. 취미 및 성격은 어떠한 사람이 좋으냐고 물으니까 자기 직업 외에 문학을 이해할 수 있고 음악을 좋아하는 그런 취미를 가진 사람이고 성격은 하여튼 '남자다운 남자'의 성격자면은 좋다고 했다한다(『부인신보』, 1948년 10월 30일 자).

일제강점기 신여성들의 이상적인 남편상으로는 떳떳한 직업인, 예절을 찾을 수 있을 만큼의 수입 보장과 여성들의 경제적 독립을 이해하는 사람, 예술적 취미, 용감하고 의로운 성격, 정조를 지키는 남자, 자기 일을 스스로 하고 부르주아적 향락만 추구하지 않을 것, 학식과 교양은 적어도 여성과 비슷할 것 따위를 들었다. 그녀들은 결혼이 중요하기는 하지만 그것에 여성의 전 인생을 걸어서는 안 되고 여성의 사회적·경제적 독립 위에서만 이상적인 결혼도 존재하고 남편도 어울리는 상대를 찾을 수 있다는 결론을 내렸다.

이 같은 신여성의 이상은 1930년대 후반으로 갈수록 퇴색하고 현실과 타협하고 안주하는 경향을 보였다. 한 평론가는 "남자는 여자를 구할 시에는 무엇보담도 여자의 얼굴 하나만 잘생겼으면 더 두말할 것 없이 무조건 찬성이고, 여자가 남자를 구할 시에는 첫째 재산가의 아들로서 장자가 아닐 것, 둘째 미남자일 것, 셋째 학식 있고 사회에 명망 있는 인격자일 것"이라고 말하였다(고영환, 「연애의 도」, 『별건곤』, 1929년 2월호). 이러한 변화는 앞의 여론조사에도 잘 드러난다. 1932년 조사에서도 자산이 있는 자를 희망하는 여학생이 부르주아 학생인 경우 96퍼센트이고 프롤레타리아 학생인 경우 79퍼센트로 나타나 1938년 조사와 큰 차이가 없다. 다만 고등보통학교 학생을 조사한 1935년도 조사에서 여학생 30명 중에서 12명이 장래 남편의 직업으로 은행이나 회사에 다니는 샐러리맨을 선호하였다. 샐러리맨에 대한 여학생의 선호도는 의사나 상인에 대한 선호도에 비해 압도적으로 높게 나타나 안정적인 직업의 결혼상대자를 선호함을 알 수 있다. 이는 고등여학교 이상의 여학생과 고등보통학교 여학생의 차이에서 비롯된 것 같다.

이러한 여학생들의 결혼상대자 찾기는 해방 뒤에는 더 적극적인 모습으로 나타났다. 그 주된 내용은 돈이 많고, 시부모가 없고, 결혼한 날로부터 분가하여 자기 살림을 하는 것을 제일 이상적인 것으로 여긴다는 것이다. 상대방의 직업으로는 사장이나 중역, 실업가 등을 선호하는 반면 월급쟁이는 기피하고 있었다.

이같이 해방 이후 미군정기 여성들은 대체로 연애와 자유결혼을 원하면서도 결혼상대자에 대해서는 많은 조건을 따지고 있었다. 즉, 시부모와 함께하는 살림보다는 결혼하자마자 곧바로 분가하여 사는 부부 중심의 핵가족제도를 선호하였으며 당시의 궁핍하고 혼란한 경제 상황과 관련하여 경제적 여유를 추구하고 있었다. 이러한 경향은 결혼의 상품화로 전개되기도 했는데 날로 번창하는 예식장 사업과 지나친 혼수용품은 연애와 결혼을 상품과 맞바꾸려 한다는 질타를 받기도 하였다.

◉ 참고문헌

권보드래, 『연애의 시대: 1920년대 초반의 문화와 유행』, 현실문화연구, 2003.

김경일, 『근대의 가족, 근대의 결혼: 가족과 결혼으로 본 근대 한국의 풍경』, 푸른역사, 2012.

_____, 『신여성, 개념과 역사』, 푸른역사, 2016.

_____, 『여성의 근대, 근대의 여성』, 푸른역사, 2004.

김진송, 『서울에 딴스홀을 許하라: 현대성의 형성』, 현실문화연구, 1999.

문옥표 외, 『신여성: 한국과 일본의 근대 여성상』, 청년사, 2003.

신영숙, 「일제하 신여성의 연애, 결혼문제」, 『한국학보』, 제45집, 1986.

천정환, 『근대의 책 읽기』, 푸른역사, 2003.

태혜숙 외, 『한국의 식민지 근대와 여성공간』, 여이연, 2004.

4장

새로운 시장, 백화점
가족과 연인의 휴식공간

이
임
하

1. 근대의 공간, 백화점

조선 초기의 한양은 행정도시의 성격이 강했으나 시간이 지나면서 행정과 상업 기능을 두루 갖춘 도시로 바뀌었다. 그리고 일제강점기에 '경성(京城)'이라는 새로운 이름을 갖게 되면서 행정·군사적인 성격뿐만 아니라 자본주의적 문화, 상업, 금융, 교육 등을 두루 갖춘 오늘날과 같은 복합도시가 되었다. 다음의 글은 일제강점기 경성의 새로운 모습을 그리고 있다.

봉건적 도시인 경성도 차츰차츰 첨예한 근대도시의 면모를 갖추기 시작한다. 경성의 복판 이곳저곳 뛰어난 근대적 '데파트멘트'의 출현은 1931년도의 대경성의 주름 잡힌 얼굴 위에 가장하고 나타난 '근대'의 '메이크업'이 아니고 무엇일까. …… 거대한 5, 6층 '빌등(빌딩)' 체구 속을 혈관과 같이 오르락내리락하는 '엘레베이터'(승강기), 옥상을 장식한 인공적 정원의 침엽수가 발산하는 희박한 산소(김기림, 「도시풍경 1·2」, 『김기림 전집 5』).

세계 어디에서나 일정 규모를 갖춘 도시의 번화가에는 언제나 백화점이 있다. 곧 백화점은 근대 도시를 구성하는 필수적인 요소가 되었고, 언제나 도시적 생활방식의 보급에 앞장섰다. 경성은 총독부, 은행, 백화점 같은 예전과 다른 모양의 대형 건물이 들어서면서 새롭게 변모하여 갔다. 특히 1920년대부터 경성에 들어서기 시작한 백화점은 '근대의 메이크업'이라고 표현될 정도로 근대의 상징이었다.

여러 가지 상품을 파는 상점이라는 뜻 그대로 백화점에는 온갖 물건들이 구비되어 있었다. 그런데 그 물건들은 『매일신보』에 실린 광고 '동경 경품부 대매출'에서 보는 것처럼 근대 산업사회의 결과물이자 새로운 문물이었다. 이 광고는 숨은그림찾기 퍼즐처럼 넥타이, 음료수, 안경, 전축, 원피스, 와인 잔, 옷장, 모자, 양산, 핸드백 같은 상품을 촘촘

그림 4-1 · '동계 경품부 대매출'이란 제목의 광고. 이 광고에는 넥타이, 음료수, 전축, 와인 잔, 모자 등 근대문물이라 할 수 있는 상품들이 소개되어 있다(『매일신보』, 1929년 11월 13일 자).

히 박아 놓았다. 이 상품들은 서민들이 쉽게 구입할 수 없었지만 식민지 조선이 맞이한 근대의 한 면을 선명하게 보여 주고 있다.

백화점은 소비를 미덕으로 여기는 자본주의체제의 시작을 알리는 신호이자 이 체제의 필요에 따라 탄생되었다. 그러다 보니 백화점은 전근대의 상점들과 사뭇 달랐다. 곧 상품의 종류, 판매방식, 건물의 외양과 내부 인테리어 같은 모든 것이 예전과 달랐다. 수백 개의 창문과 유리문을 통해 건물 안의 상품을 밖에서도 한눈에 볼 수 있었다. 그리고 도시의 한가운데 우뚝 솟은 백화점은 휘황찬란한 조명과 상품으로 인해 도시 자체와 바꿀 만큼 문명의 상징으로 자리 잡았다.

2. 경성에 들어선 백화점

재래시장의 쇠퇴와 백화점의 등장

조선시대 한양 사람들은 각자의 직업과 신분에 따라 일정한 지역에 나뉘어 살았다. 지배층인 양반관료층은 주로 경복궁과 창덕궁 사이 북촌(北村)을 중심으로 거주하였고, 관청의 하급 실무자인 아전(衙前)들은 자신이 근무하는 관청 주변에 살림집을 마련하였다. 그 밖에 상인과 군인들은 상점이 있는 종로나 청계천 근처에, 세력을 잃은 양반들은 남산 산록 남촌(南村)에 자리 잡았다.

그러나 개항이 되면서 이러한 모습이 바뀌기 시작했다. 청일전쟁과 러일전쟁을 계기로 3~4만 명의 일본 상인이 장사하러 떼 지어 조선으

로 몰려왔다. 이들은 철도 거점을 중심으로 일본군 병참 수요와 군사적
보호에 힘입어 각종 면제품과 공산품을 대량으로 유통시켰다. 일본 상
인이 들어오면서 경성의 상권은 조선인이 운영하는 북촌의 종로와 일본
인이 자리 잡은 남촌의 본정(本町, 진고개라 불렸던 오늘날의 명동)으로 나뉘었
다. 그러면서 전통적인 상가였던 종로의 시전이 누렸던 위세는 오간 데
없이 사라지고 일본산 공산품을 들여다 파는 본정이 그 자리를 차지하
였다.

　진고개 일본인 상권의 핵심은 초기에는 주로 포목점(오복점이라 불렀다)
들이었고, 1920년대 중반부터는 백화점이 본격적으로 들어서 자리를
잡았다. 1920년대 일본은 이미 독점자본주의 단계로 접어들었고 식민
지 조선에서도 자본주의화가 진행되면서 대량생산체제가 확대되었다.
이에 따라 상업 또한 대량판매에 알맞은 형태로 바뀌었는데 백화점이
바로 그것이었다. 이때 일본계 기업들은 경성에 히라타(平田), 조지야(丁
子屋), 미나카이(三中井), 미쓰코시(三越) 백화점을 세웠는데 이들 백화점의
이력은 다음과 같다.

- 히라타 백화점: 지금의 충무로 입구. 1904년 히라타 상점으로 출발하
  였으며 1926년 백화점 개업
- 조지야 백화점: 명동에 위치한 롯데 영플라자(옛 미도파백화점). 1904년 조
  선에 진출하여 1921년에 주식회사로 조직을 변경. 1929년 백화점 개업
- 미나카이 백화점: 옛 원호청 자리. 미나카이 오복점이란 이름으로
  1905년 대구, 1911년 경성에 진출하여 1922년에 주식회사로 변경하
  고 1929년에 점포를 증축. 1933년 미나카이로 상호를 바꿈. 1934년에
  는 7층 건물을 완공하여 대형 백화점 개장

그림 4-2 • 조지야 백화점은 쇼윈도와 엘리베이터, 에스컬레이터를 갖춘 대표적인 건축물 가운데 하나였다.

- 미쓰코시 백화점: 현재 명동에 위치한 신세계 백화점 자리. 1906년 조선에 진출하여 임시출장소를 설치. 1916년에는 르네상스식 3층 건물을 짓고 경성출장소로 이름을 바꾼 뒤 1929년 9월 이를 경성지점으로 승격시킴. 1930년 10월에 지하 1층, 지상 4층의 대규모 신관을 만듦

남촌 일본인 상권에 대항해 종로의 조선인 상권도 작은 규모이기는 하지만 백화점 거리로 그 모습이 바뀌어 갔다. 낮보다는 '야시장'이 열리는 밤이 더 활기찼던 종로에 자리 잡은 조선인 상인들은 우선 한 점포에서 한 가지 품목만을 취급하던 방식을 바꾸어 갔다. 예를 들어 포목점이라 해도 한 가지 직물만을 취급했던 예전의 시전과 달리 주단, 모직류, 포목류 등 여러 가지 직물을 취급하였고, 그 밖에 다른 상품을 팔기도 했다. 나아가 어떤 상점은 대형 매장 안에 제품별로 독립부서를 두기

도 했다. 곧 경성상회, 덕원상점, 동아부인상점, 화신상회와 같이 백화점식 경영을 표방하는 상점들이 생겨난 것이다.

동아부인상회는 1920년 6월 26일에 설립되었다. 그 뒤 경영이 악화되어 1925년 최남이 이를 인수하여 3층으로 증축하였는데 1929년에는 9개의 지점을 소유할 정도로 성장하였다. 화신상회는 경성에서 가장 큰 금은상회였는데, '금은부'뿐 아니라 포목부, 신·구잡화부를 설치하여 영업 범위와 판매 부서를 넓혀 갔다. 빠른 속도로 변화를 거듭하던 두 상회는 1930년대 들어 치열하게 경쟁하였다. 동아부인상회는 1932년 지하 1층, 지상 4층 규모의 건물을 짓고 동아백화점으로 개명하였고, 한동안 경영난에 빠져 있던 화신상회도 박흥식이 인수하면서 근대적 백화점 영업을 시작하였다. 1933년 박흥식은 동아백화점을 사들여 화신상회와 합병하여 화신백화점의 문을 열었다.

이로써 1935년 경성에는 일본인이 경영하던 미나카이, 미쓰코시, 조지야, 히라타와 조선인이 경영하는 화신의 5대 백화점 체제가 확립되었다.

어떻게 팔 것인가

상업의 근대적 변모에서 가장 중요한 부분을 차지하는 것이 백화점이다. 상품의 대량생산체제는 생산과 소비의 관계에 절대적인 변화를 가져왔고, 대량으로 생산된 물품을 팔고 소비하기에 적합하도록 상업의 형태를 바꾸었다. 백화점은 바로 대량으로 생산된 상품을 팔기 위해 만들어졌다. 온갖 물건과 새로운 볼거리로 가득 차 있는 백화점은 이 물건들을 팔기 위해 대형 매장이 필요했고, 새로운 판매방식을 도입하였다.

식민지 조선에 백화점이 처음 들어섰을 때 백화점의 매장 구성은 다음과 같았다.

- 지하 1층: 지하시장, 식료품부, 실연장, 사기일용품부
- 1층: 양품부, 화장품부, 여행 안내계
- 2층: 신사양품부, 침구부, 주단포목부, 미술품부, 시계부, 귀금품부, 안경부, 견본실
- 3층: 부인아동복부, 완구부, 수공품부, 조화부
- 4층: 서적부, 운동구부, 문서구부, 신사양복부, 점원휴게소
- 5층: 대형 식장, 조선물산부, 사진기재료부
- 6층: 그랜드 홀, 스포츠랜드, 전기부, 가구부, 모델룸
- 7층: 옥상, 상설화랑, 사진부, 미용실, 옥상정원

이러한 매장구성은 오늘날과 크게 다르지 않다. 또한 대형 매장은 새로운 판매방식을 도입했는데 상품을 가지런히 진열해 많은 사람들이 지나며 볼 수 있도록 만든 진열대와 백화점 밖 거리에서도 구경할 수 있게 한 쇼윈도가 등장하였다. 사람들의 시선을 끌기 위해 백화점 건물의 외벽은 유리로 만들었다.

진열대가 백화점을 찾은 손님이 자유롭게 상품을 보고 고를 수 있게끔 하였다면, 쇼윈도는 거리를 지나는 사람들의 흥미를 일으키고 이들을 점포로 끌어들이기 위한 것이었다. 1934년 5월 14일 자 『조선일보』에 실린 다음의 삽화와 글은 손님을 점포로 끌기 위해 점원들을 밖에서 훤히 보이도록 배치한 백화점을 풍자하고 있다.

현대의 건축은 철골과 '유리'로 더구나 백화점은 선전으로 상품이 바깥으로 보여야만 되도록 되어 간다. 그리고 될 수 있는 대로 '숍 걸'을 유리벽 앞에 세운다. 헐리우드에서는 나체 출연에는 수당이 많다는데, 그것만은 여기서도 하루에 팔, 육, 사십 전에는 안 될걸.

그림 4-3 • 손님을 끌기 위해 점원들이 유리창을 통해 보이도록 배치한 백화점을 풍자한 삽화이다(「폭로주의의 상가」, 「조선일보」, 1934년 5월 14일 자).

백화점들은 유리벽을 세우고, 유리벽 앞에 '숍 걸'로 불리는 여성을 배치하여 손님을 끌어들였다.

이처럼 백화점은 "한 장소에서 여러 가지 물건을 살 수 있는 것, 상품을 마음대로 선택할 수 있는 것, 종일을 두고 보고만 나와도 꾸지람하는 이가 없는 것, 휴게, 음식, 용변 그 밖에 조금의 불편도 없을 만한 설비 등등에 있어 중소 상업은 도저히 백화점의 적이 못 되는 데다가 백화점은 대자본 경영인 까닭으로 대량매입과 박리다매가 가능했다"는 지적처럼 그때까지의 거래방식과는 완전히 달랐다(서춘, 「피폐한 중소상공 원인과 그 대책」, 「신동아」, 1932년 8월호). 일괄적으로 관리되는 수십 개의 매점에서 필요한 상품을 함께 사고팔 수 있었고 각종 서비스의 제공, 정찰제 실시, 상품권·구매권 발매 등 소상인은 도저히 흉내 낼 수 없는 영업기법이 도입되었다. 이에 따라 백화점의 하루 매출액은 작은 상점들이 몇 년 동안 팔아야 할 매출액을 넘었고, 백화점은 재래의 소매상들을 무너뜨렸다. 군소 자영상인들은 브랜드화, 체인화된 거대 백화점에 굴복할 수밖에 없었다.

3. 인공낙원

가족과 연인의 휴식공간

백화점 안에 가득 찬 멋진 물건들, 그 속에서 다정하게 인사하는 젊은 점원들의 모습, 진열장, 에스컬레이터 따위는 사람들의 정신을 뺏을 만큼 황홀하고 '정말로' 새로운 것들이었다. 특히 판매 촉진을 위해서 도입된 진열창이나 여점원들은 예전과는 다른 새로운 도시의 풍경이 되었고, 이것들은 이국정서를 동반하는 '인공낙원'의 이미지를 띠었다.

봄이 와도 여전히 살풍경인 도시의 봄 거리! 머리가 어지럽고 숨이 막힐 듯하다가도 한 발짝 들어서 백화점 문을 들어서면 "어서 오십시오, 늘 고맙습니다"라면서 머리를 가볍게 숙이며 친절히 영접하여 주시는 도어뽀이의 부드러운 말소리와 함께 기분이 일전된다. 어지럽던 머리는 가벼워지고 막힐 듯하던 숨은 풀린다. 그리하여 봄은 봄다운 감촉을 비로소 받게 된다. 봄을 장식한 매장 앞에 단정히 서서 봄 손님을 영접하려는 여점원! 그 머릿속에는 조회 때마다 가르침을 받는 '우수한 서비스' 오직 이것만이 준비되어 있다(한인택, 「백화점 봄 풍경」『조광』 1938년 4월호).

아직도 스산하고 메마른 도시의 거리지만 백화점에 들어선 순간 다정하게 인사하는 점원들의 목소리에서 봄의 감촉을 느끼게 되었다는 이야기는 백화점이 인공낙원임을 말해 준다. 백화점의 스포츠랜드에는 각종 운동기구와 오락기구를 갖춰 놓고 고객들이 지나는 길에 가벼운 운동이나 오락을 즐기게 하였고, 옥상에는 공원을 조성해 도시를 전망하거나 만남의 장소로 이용하게 하였다. 옥상정원은 백화점을 인공낙원으로 느끼게 하는 매개였다. 미쓰코시 백화점의 옥상정원에는 벤치와 카페가 마련되어 있었고 각종 이국적인 식물들이 가득 차 있어 이국적인 낙원을 연상하게 하였다.

그래도 구보는, 약간 자신이 있는 듯싶은 걸음걸이로 전차 선로를 두 번 횡단하여 화신상회 앞으로 간다. 그리고 저도 모를 사이에 그의 발은 백화점 안으로 들어서기조차 하였다.

젊은 내외가, 너덧 살 되어 보이는 아이를 데리고 그곳에 가 승강기를 기다리고 있었다. 이제 그들은 식당으로 가서 그들의 오찬을 즐길 것이다. 흘낏 구보를 본 그들 내외의 눈에는 자기네들의 행복을 자랑하고 싶어 하는 마음이 엿보였는지도 모른다. 구보는 그들을 업신여겨 볼까 하다가 문득 생각을 고쳐, 그들을 축복하여 주려 하였다(조이담·박태원, 『구보씨와 더불어 경성을 가다』, 바람구두, 2005).

이곳은 W 백화점 입구이다. 유선형 '시보레' 자동차 한 대가 동대문 방면에서 쏜살같이 달려와 스르르 스톱을 한다. 곧 문을 열고 나오는 주인공은 '샤리(셜리) 템플'같이 귀여운 소녀 두 명과 젊은 부부 두 사람이다. 그들은 모두 가슴에 진달래꽃을 꽂았다. 아마 정릉이나 성북동에서 꽃구경을 하고 오는 모양이다. 젊은 부부는 각각 어린애를 하나씩 손을 잡고 백화점으로 들어간다(「백화점 풍경」, 『조광』, 1937년 4월호).

옥상정원에서 차 한 잔 마시며 경성시내를 바라보는 일, 아니면 가족과 함께 식당에서 식사하는 일, 그렇지 않으면 백화점에 들어가는 일 자체가 '새로운' 문물의 혜택으로 행복, 풍요로움, 자신감 따위를 상징하였다. 백화점은 단순히 물건을 구매하는 장소가 아니라 행복, 풍요로움, 새로움 따위를 소비하는 장소였다. 손님의 대부분이 부인들이었던 유럽이나 미국의 백화점과 달리, 일본 백화점은 가족이 하루 종일 시간을 보낼 수 있는 즐거운 장소로서 출발하였는데 식민지 조선도 크게 다르지 않았다.

도시(경성)의 명물

백화점은 도시인들에게 온갖 물건들과 새로운 볼거리로 가득 차 있는 공간이며, 일상의 풍요로움과 충만감, 포만감을 주었다. 백화점은 사람들에게 '표준적인 행복'을 제시하였다. 새로 개업한 화신백화점을 가득 메운 사람들은 대부분 조선인이 세운 백화점을 구경하기 위해서 올라온 시골 사람들이거나, '2할 세일'이라는 선전에 혹해서 살 물건이 없나 하고 몰려온 소시민들이었다. 이들 소시민들에게 옥상정원의 양식당에서 외식을 하거나 사진기를 사는 등의 행위는 일상적인 일이 아니었지만 그것은 사람들에게 행복의 표준으로 제시되었다.

백화점을 제대로 소비할 수 있는 사람들은 아주 적었지만, 그 소수들이 보여 주는 소비행태를 따라서 값싼 할인상품을 구매함으로써 소시민들은 자신의 욕망을 충족하였다.

그때만 해도 화신백화점을 둘러보고 식당에서 밥 한 끼 먹으면 동네 방네 자랑할 만한 일이었다. 백화점 안에 가득 차 있는 여러 가지 물건과 그 속에서 일하는 상냥한 점원들, 그리고 쇼윈도와 에스컬레이터 따위는 사람들의 정신을 뺏을 만큼 황홀하고 새로운 것들이었다. 소비자들은 이국적인 세계와 소비재의 환상적인 모양새에 눈 호강을 하면서 백화점 안을 자유롭게 돌아다녔고, 반드시 무엇인가를 사야 한다는 부담을 느끼지 않으면서 이 새로운 환경에 참여할 수 있었다.

따라서 백화점은 최고의 구경거리였고, 도시의 명물이었다. 학생들의 수학여행 코스에도 포함되었고, 경성 사람들의 눈과 발을 멈추게 하였다. 다음의 글은 새로 문을 연 화신백화점을 구경하려 온 사람들을 소개한 기사이다. 백화점 구경은 남산의 팔각정, 창경궁의 동물원과 함께 서울 구경 온 시골 사람이 반드시 둘러보아야 할 명소였다.

개관 첫날 이른 아침부터 귀부인, 유한마담에서부터 룸펜에 이르기까지 장안 사람들은 물밀듯이 화신 문전으로 몰려 들어온다. …… 문 앞에 몰려드는 인파에 휩싸여 나도 그 속에 끼여 들어섰다. 문안을 썩 들어서니 문밖에만 사람들이 밀리는 것이 아니고 점내는 더욱 사람들로 꼭 채워져 있다. 대개는 가정에서 모두 나온 모양이다. 어린아이들과 늙은 노인들이 많음을 볼 수 있다. …… 허나 처음부터 이 점내에 들어와서 인상되는 것은 손님은 그렇게 많은데 물건을 사러 온 손님들은 극히 드물고 대부분은 일없이 지나는 서울 장안 사람, 구경 좋아하는 시정인들이 심심소일로 들어온 무리가 대부분인 것을 즉각 알 수가 있다. 그리고 한 가지 눈에 띄는 것은 시골풍의 사람들이 많이 보이는 것이다. 거리로 다니는 사람들은 그렇게 많음을 볼 수 없으나, 이 안에 들어온 사람의 3분지 1은 시골 사람들과 같이 보이는 것으로 미루어 아마 서울에 올라온 시골 사람들은 기어이 이 '화신'을 구경하고 간다는 생각에서 몰려든 모양이다

「새로 낙성된 오층루 화신백화점 구경기」, 『삼천리』, 1935년 9월호).

인파에 떠밀려 다녔다는 기자는 '손님은 많은데 물건을 사는 사람은 극히 드물고 대부분은 일없이 지나는 서울 장안 사람, 구경 좋아하는 시정인들, 심심소일로 들어온 무리가 대부분인 것을 즉각 알 수가 있다'며 당시 분위기를 전하고 있다.

4. 손님의 주머니를 털어라

백화점은 소비자본주의의 발명품이었다. 19세기 중엽 파리의 아케이드를 비롯한 유럽과 미국의 대상인들은 그때까지의 판매방식, 회계방식, 전시방식 등을 바꾸고 한 건물 안에 다양한 판매부서를 두었는데 이것이 백화점의 기원이었다. 19세기가 바뀔 무렵, 서구 세계는 대량생산으로 넘쳐나는 물건들을 판매하기 위한 새로운 소비공간을 필요로 했다. 그렇지 못하면 대량생산으로 과잉 공급된 시장은 공황에 빠질 위험이 있었다. 미국에서는 필라델피아의 워너메이커 백화점을 비롯한 마셜필드, 메이시즈, 시어즈 같은 백화점들이 은행과 국가의 도움으로 소비문화를 이끌어 가기 시작하였다.

대량소비를 촉진하는 또 다른 방법은 이른바 유행을 만들어 내는 것

이었다. 때때로 유행은 사람들로 하여금 특별히 필요하지 않은 물건까지 사게 만든다. 백화점은 일찍부터 의도적으로 유행을 만들어 내는 첨병 노릇을 하였다. 백화점은 늘 사람들의 눈길을 모으고, 흥미를 이끌어 내려고 하였다. 사람들은 뭔가를 사기 위해서 백화점에 가는 것이 아니라, 백화점에 들어가면서부터 비로소 갖고 싶은 무언가를 찾아내곤 하였다. 유행은 사람들의 구매 의욕을 돋우고 소비라는 행위를 유발한다. 그로 인해 산업혁명이 일구어 낸 순환구조, 곧 '대량생산→대량소비→대량생산'이 완성되었다.

상품에 유행을 만들어 내는 데 큰 몫을 한 것 가운데 하나가 광고였고, 각 백화점에서는 일찍부터 광고에 힘을 기울였다.

경성의 5대 백화점 역시 갖가지 방법으로 유행을 만들고, 손님을 끌어모으고, 소비를 부추겼다. 출장판매, 할인상품권 남발, 미끼 상품에 의한 손님 끌기, 포목의 무료 염색·봉제 및 무료 배달, 빈번한 경품 추첨 판매, 휴일 반납, 과잉 포장, 야간 연장영업 같은 일이 반복되었다.

손님을 모으기 위해 만들어 낸 '세모 대매출 백화점 추첨권'은 "백화점 세모 대매출에 추첨권 때문에 미치는 아낙네들, 그 알 수 없는 심사를 자기들만 알 일이겠지만, 이것도 반가운 일은 아니다. 생각 없이 날뛰면 그 뒤가 싱거운 일이요, 결과가 더 슬플 것이다. 생각 없이 걸어가는 사람에게는 앞이 잘 보일 리가 없다(『조선일보』, 1934년 12월 16일 자)"라고 표현될 정도로 사람들을 충동하였다.

동아부인상회는 갖가지 이벤트를 자주 열기로 유명하였다. 종로 네거리로 이전하고 1년이 지났을 때는 신문에 다음과 같은 경품행사를 알리는 광고를 내기도 했다.

일등은 누가 타실구 ……

일주년 기념

경품에……

물건 값도 싸게 하오.

일 원어치만

사시면……

이십여 원의

상품도……

이등? 삼등?

오시오……

그림 4-4 · 1원어치 이상 물건을 산 고객을 대상으로
한 행사의 경품으로 소 한 마리를 내놓았다
(『동아일보』, 1937년 12월 1일 자).

요즘 널리 퍼져 있는 제비뽑기 경품행사로 손님을 부른 것이다. 이에 뒤질세라 화신백화점은 주식회사 창립과 건물 증축을 기념하여 20일 동안 경품행사를 벌였는데 1등 1명에게 주어질 경품은 20평(66m²)짜리 기와집 한 채였다.

광고 또한 경성의 백화점들이 손님을 끌어모으기 위한 중요한 수단이었다. 성수기가 돌아오면 백화점들은 일간신문에 '전면광고'를 싣곤하였다. 그 결과 광고비는 백화점 매출의 6퍼센트에 이를 정도였다.

또한 손님을 불러들이기 위한 여러 가지 기획행사, 미술전람회, 사진전람회, 각지 명산물의 소개, 생활개선전시회도 백화점이 자주 여는 행사였다. 기획행사 가운데는 진열회인지 매출행사인지 가늠할 수 없는 것도 많았다.

5. 여성들, 백화점으로 몰려들다

백화점이 새로운 시대를 상징하는 공간으로 떠오르면서 그곳에서 일하는 여자 점원들에 대한 호기심도 커졌다. 당시 서울 5개 백화점의 여자 점원은 200여 명이었는데 직장 여성이 드물기도 했거니와 외모를 우선으로 여성을 뽑았기 때문에 사람들의 시선을 끌었다.

누구든지 종로 네거리 화신백화점의 출입구나 조지야, 미쓰코시, 히라다, 미나까이 같은 큰 백화점으로 다리를 옮겨 보면 도색(桃色)의 꿈을 가슴속 깊이 감춘 스마트한 청년들이 물건보기보다 거기서 나비같이 경쾌하게 서비스하는 숍 걸들을 바라보기에 정신없는 광경을 본다. …… 화신백화점에는 현재 십오륙 세로부터 이십이삼 세까지 나는 '숍 걸' 수가 약 70명 나는데 이 '제복의 처녀'들은 대개 '여자상업학교' 출신이 제일 많고 '진명', '숙명', '이화', '정신' 등이 그다음인데 식당에 있는 나이 어린 여점원들도 보통학교를 졸업 아니 한 이가 없다 한다. …… 아침부터 밤까지 수천 수만으로 헤는 손님 그중에도 이십이삼 세, 학교를 갓 마쳤거나 겨우 직업을 얻어 샐러리맨이 된 젊은 청년들이 모여들어 은근히 제

배필을 구하는 이 광경! 이것이야말로 남녀교제의 관문이 꽉 막힌 밀폐(密閉)된 결혼시장의 문을 열어 주는 귀여운 존재라 아니할 수 없다(「결혼시장을 찾아서, 백화점의 미인시장」, 『삼천리』, 1934년 5월호).

백화점에서 일하는 여성들은 대개 15~23세로 보통학교 또는 그보다 상급학교를 졸업한 '용모 단정한' 여성들이었다. 그러다 보니 결혼 상대를 찾는 청년들이 백화점을 찾았고 이들이 얽힌 연애 이야기도 심심치 않게 잡지에 실렸다.

그러나 이들의 일은 꽤 힘들었고 임금도 다른 직업보다 높지 않았다. 임금은 1934년 하루 평균 12시간 일하고 50~60전(식사 제공)을 받았으며 1935년에는 70~80전(식사 제공하지 않음)이었다. 당시 공장에서 일하던 여성노동자의 평균임금이 하루 50전 정도였음을 생각하면 백화점 여점원들의 임금은 공장노동자보다 조금 나은 수준이었다. 이마저도 평균보다 높은 대우를 받았던 방직공장이나 고무공장 여성노동자와 비슷한 정도였다. 그래서 백화점 여점원들은 자신을 상품, 인조인간, 기계에 비유하는 등 불평과 불만을 쏟아 냈다.

나는 ○○ '데파트멘트' 여점원이다. 아침 아홉 시부터 밤 열한 시 너머까지 나는 십여 시간을 서서 있다. 가지각색 인간들에게 애교 웃음으로 '서비스'를 한다. …… WC(화장실)에 갈 틈조차 빼앗기고 가엽게 서서 있어야 한다. …… 삼 년이나 지난 지금은 그래도 일 개월에 이십 원을 받고 있다. 그러나 우리 네 식구 생활을 유지함에는 너무나 적은 돈이다. 1일 67전에, 1시간 4전 7리에 나는 팔렸다. 나는 '쇼윈도' 장식창에 진열해 놓은 …… 상품과 같다. 나는 상품이다. 인조인간 …… 나의 손, 발, 입, 귀, 눈 모든 것은 기계! 그것처럼 움직였다(박은애, 「여점원」, 『실생활 3-2』, 1932).

이들은 학교 추천을 받아 선발됐지만 보수가 아예 없거나 낮은 견습생으로 일정 기간을 근무한 뒤에야 정식사원이 될 수 있었다.

한편 백화점은 여점원뿐만 아니라 다른 부류의 여성들도 있었다. 물건을 사고, 유행을 즐기고, 새로운 문화를 만나려는 '여성고객'들이었다. 백화점은 여성들이 손을 크게 흔들면서 당당하게 드나들 수 있는 몇 안 되는 장소였다. 이런 여성들에 대해 사회는 "김치도 담글 줄 모르고, 가정부가 만든 요리를 맛이 없다고 불평하면서 남편이나 아이들과 같이 백화점에 몰려다닌다"고 매우 냉소적으로 바라보았다.

"요사이 그리운 고향을 간다는 바람에 졸음을 참고 간신히 제1학기 시험을 마치고, 허둥지둥 정거장을 나아가는 여학생들 — 서울 동무와의 작별인사보다 미쓰코시, 조지야를 들러서 곧장 정거장을 나가는 축이 있다. 미쓰코시나 조지야에 들어가서 어떠한 물건을 사는지 그 비지땀을 흘려서 학비를 보내 주는 부모에게 바칠 선물인지는 몰라도 어떤 시골 영감님의 말씀을 들어 보면 알 일이다. '거—아비 돈으로 학비를 쓰는 것이어서 그 돈이 그 돈이지만, 아—그래 방학해 돌아온다는 것이 제 화장품만 사가지고 왔지 온! 서울에 그 흔한 눈깔사탕도 안 사다 주는 게……' 하며 혀끝을 차는 이가 있다면 결코 웃을 일은 아니겠지"(『조선일보』, 1930년 7월 19일 자)

백화점의 문이 미어터질 정도로 드나드는 경성의 여성들은 첫째로 신여성, 둘째로 유한계급의 첩, 셋째로 기생이라는 소문이 나돌았다. 심지

그림 4-5 • 기말시험을 마치고 고향에 내려가는 여학생들의 손에는 미쓰코시와 조지야 백화점에서 산 상품이 들려 있다(『조선일보』, 1930년 7월 19일 자).

어느 자신의 소비수준에 걸맞지 않게 백화점에 '미쳐 날뛰는 아낙네'들이 있다며 이런 여성들을 게걸스럽다 못해 제정신이 아닌 존재라고 비꼬기도 하였다.

6. 미군 전용 PX와 백화점의 난립

해방 뒤에는 정치·경제적 혼란으로 백화점 산업이 침체되었다. 그리고 일제강점기 직영을 했던 백화점들은 임대업을 통해 겨우 명맥을 유지했다. 해방 당시 서울에는 화신백화점과 미쓰코시, 조지아, 미나카이와 히라타 백화점이 있었다.

미쓰코시 백화점은 초대 관리인이 임명된 뒤 1945년 9월 15일 백화점 이름을 동화백화점으로 바꾸었다. 귀속재산으로 미군정에 귀속되면서 1945년부터 1950년까지 4명의 관리인이 교체되었다. 그런데 전쟁통인 1951년에는 주한미군을 위한 PX로 바뀌었다. 귀속재산인 동화백화점은 1958년 동방생명에 불하되었고, 1963년 삼성그룹이 인수하여 지금의 신세계백화점이 되었다.

조지아 백화점의 상호는 해방 뒤 중앙백화점으로 변경되었다. 동화백화점과 마찬가지로 조지아 백화점에 남아 있던 종업원들은 남은 상품으로만 영업을 하였다. 그 뒤 군정청은 중앙백화점을 적산으로 접수하고 1946년 미군 전용 PX로 바꾸었다. '종업원과 가족의 생활을 보장하는 근본 해결 없이는 직장을 양보할 수 없다'는 결의문을 내고 500여 명의 종업원은 한 달가량 미군정청과 대립하였다. 결국 종업원의 의견이 일부 수용되어 종업원 가운데 일부는 PX에, 나머지는 동화백화점으로 이동하였다. 그리고 군정청이 중앙백화점을 접수하던 당시 중앙백화점에 남아 있던 모든 상품은 동화백화점으로 흡수되었다. 1954년 중앙백화점은 미도파백화점이라는 이름으로 다시 문을 열었다.

충무로에 있던 미나카이 백화점은 적산으로 커다란 이권의 대상이었는데, 대한민국 수립 뒤 해군본부로 사용되다가 원호처가 소유하게 되었다.

이들 백화점에는 종업원들이 자치위원회나 노동조합을 만들었고, 자치위원회는 '최저생활 보장', '체불임금 지급', '노동조건 개선' 같은 문제로 사업주와 미군정 관리인과 갈등을 빚기도 했다. 다음의 글은 화신백화점의 노동쟁의 관련 기사이다.

조선인 경영으로서는 단지 하나뿐인 백화점 화신은 8월 15일 이후 1개월 동안이나 철문을 굳게 닫고 있었다. …… 지난 10월 4일 오후 4시 화신종업원 700명은 종업원대회를 열고서 생활대책위원회를 조직하여 문석태를 위원장으로 선거하고 사장 박흥식과 정식 교섭을 하기 시작하였다. 그들이 제출한 요구서의 내용을 볼 때 현하 물가정세에 비추어 최저의 생활을 유지할 수 있는 정도의 대우 개선을 할 뿐이었다. 그러나 회답 기한인 9일 정오가 지나서 박사장은 드디어 전면적 거부를 하여 왔으며 700명 종업원의 정당한 요구는 일축되고 말았던 것이다. …… 화신 700명 종업원은 12일 밤이 깊어 가도록 대책을 강구한 결과 자기네들의 정당한 요구가 관철될 때까지는 절대로 물러가지 않고 농성으로서 싸워 나갈 결의를 굳게 하고 있다 한다. 세상에서는 화신 종업원의 요구가 앞으로 어떻게 진전될 것인가 다대한 관심을 가지고 주목하는 바이다(『매일신보』, 1945년 10월 13일 자).

화신백화점 쟁의는 1945년 10월부터 1946년 5월까지 대략 8개월 동안 진행되었다. 화신백화점은 1945년 8월~9월 동안 영업을 중지한 상태였는데 이를 바꾼 것은 노동자들이었다. 10월이 되자 백화점 노동자들은 자체적으로 백화점의 실태를 점검했다. 그리고 화신백화점 노동자 700여 명은 종업원대회를 열고「요구서」를 경영자 측에 제출하였다.

이러한 일제강점기부터 이어 온 백화점 이외에도 해방 뒤에 개설한 백화점으로는 1949년 설립된 천일백화점, 신신백화점 등이 있었고, 이름뿐인 백화점도 전국에 많이 출현하였다. 이런 백화점 설립 붐에 힘입어 한국전쟁 이전 서울의 백화점 수는 13개로 늘었다. 이때 서울에 있었던 백화점은 종로의 화신백화점과 서대문의 정신백화점을 빼고는 모두 중구에 위치하고 있어 충무로 중심의 백화점 시대가 열렸다. 중구에서도 충무로에 9개, 남대문로에 2개의 백화점이 있었다. 이들 백화점 안에는 당시 고급 소비품 판매점이던 시계점, 안경점, 귀금속점 같은 전문업체가 입점하고 있었다.

한국전쟁 때 백화점은 물자 부족으로 상품을 제대로 갖추어 놓기 어려웠는데 길거리 노점이나 소매상에는 화장품, 핸드백, 양약품, 사진기 같은 밀수품이 넘쳐 나 암시장이 크게 성행하였다. 이 때문에 백화점은 매장을 직영이 아닌 임대로 운영하였으며, 지금도 많은 백화점의 전문 매장은 그런 방식을 따르고 있다.

◉ 참고문헌

김병도·주영역, 『한국백화점 역사』, 서울대학교출판부, 2006.

김태수, 『꽃가치 피어 매혹케 하라』, 황소자리, 2005.

마정미, 『광고로 읽는 한국사회문화사』, 개마고원, 2005.

박상하, 『경성 상계史: 잃어버린 반세기의 기록』, 푸른길, 2015.

신명직, 『모던뽀이 경성을 거닐다』, 현실문화연구, 2003.

오진석, 「일제하 백화점업계 동향과 관계인들의 생활양식」, 『일제의 식민지배와 일상생활』, 혜안, 2004.

이임하, 『해방공간, 일상을 바꾼 여성들의 역사』, 철수와영희, 2015.

조이담·박태원, 『구보씨와 더불어 경성을 가다』, 바람구두, 2005.

하쓰다 토오루 지음, 이태문 옮김, 『백화점: 도시문화의 근대』, 논형, 2003.

5장

위생과 의료

질병을 바라보는 새로운 시선

허
수

1. '괴질'에서 '콜레라'로

고양이 그림과 예방규칙

1821년 여름 평안도 지방에 괴질이 돌아 1,000여 명이 죽었다. 발병한 지 불과 열흘 만의 일이었다. 병에 걸린 사람은 설사와 구토를 하고 근육이 비틀리며 순식간에 죽었다. 이 병을 '콜레라'라고 부르기 시작한 것은 60여 년 뒤의 일이다. 공식 이름으로는 그 음을 한역한 '호열자(虎列刺)'로 불렸다. '호랑이가 살점을 찢어 내는' 고통이 따른다는 뜻이다. 이 콜레라는 중국 동북쪽에서 남하한 것이다. 콜레라는 한성, 경기, 영남으로 확산되었고 이듬해에는 호남, 함경, 강원 지방을 휩쓸어 최소한 수십만 명 이상이 죽었다. 이후에도 이 전염병은 끊이지 않았다. 1858년에는 무려 50여만 명이 죽었고, 1886년과 1895년에도 수만 명이 희생되었다. 콜레라와 같은 유행병이 돌면 도성이 텅텅 비고 행정이 마비될 지경이었다.

1895년의 콜레라는 청일전쟁 와중에 발생했다. 당시 러시아 여행자는 "평양과 의주 지방에 콜레라가 유행했을 때 대부분의 주민들이 동쪽 산악지대로 피신했는데, 잔등에 병든 처를 업고 가는 남자를 종종 만날 수 있었다"라고 기록했다. 이 밖에도 의주 부내의 주민 7, 8할이 다른 지방으로 옮겨 가거나, 안주 수령으로 임명된 자가 콜레라 유행 때문에 부임지로 가지 않고 도망쳤다는 기록도 있다.

그림 5-1 · 오방신장(五方神將)

조선 사람들은 콜레라를 '쥐통'이라고도 불렀다. 콜레라에 걸리면 '쥐가 발을 물어 근육에 쥐가 오르는 것' 같았기 때문이다. 그 통증을 쥐귀신이라는 악귀가 몸에 들어와 병을 일으킨 것으로 보았다. 사람들은 이 쥐귀신을 쫓기 위해 고양이 그림을 붙이거나 고양이 수염을 태워 먹었다. 한말 조선에 들어온 선교사 에비슨(Oliver R. Avison)은 1895년 무렵에 쓴 글에서 이러한 고양이 그림이 대문에 붙어 있는 모습을 종종 보았다고 했다.

한편 같은 시기에 정부는 호열자병예방규칙을 발포했다. 이 규칙은 콜레라 예방을 위한 지방관·의사·단체장의 신고 의무, 콜레라 확산 방지를 위한 환자 격리·소독방법, 콜레라 만연 시 집회 금지와 교통 차단 등을 규정했다. 당시 갑오개혁이라는 이름의 근대적 개혁을 시행하던 조선 정부는 체계적인 방역활동을 통해 새로운 국가권력의 효용성을 민중에게 보여 주고자 했다. 콜레라로 의심되는 질병이 보고되면 경찰이 전염지로 출동하여 전염병 환자를 확인했다. 관할지역 내에 환자가 발생한 경우 그들을 집 안 또는 피병원(避病院)에 격리했다. 환자가 쓰던 물품과 집을 깨끗이 소독했으며, 콜레라로 죽은 시체는 깊이 파묻고 주변을 소독 처리했다.

이처럼 고양이 그림과 예방규칙은 비슷한 시기, 비슷한 장소에서 공존했으나 그 의미는 서로 달랐다. 서양 의료선교사들과 일본인 의사로 조직된 방역대책위원회는 다음과 같이 설득해야만 했다.

콜레라는 악귀에 의해 발생되지 않습니다. 그것은 세균이라 불리는 아주 작은 생물에 의해서 발병됩니다. 만약 당신이 콜레라를 원치 않는다면 균을 받아들이지 않아야 합니다. 따라서 식사 전에 반드시 손과 입안을 깨끗이 씻으십시오. 그리고 음식을 반드시 끓여 먹으십시오.

이러한 '설득'에는 두 가지 가치관의 충돌이 반영되어 있다. 전통사회에서는 질병을 '초월적 존재', '초자연적 힘'이 침입한 결과로 보거나 음양의 조화가 깨진 상태로 이해했다. 반면, 서구의 근대의료는 질병을 일으키는 것을 세균이라는 미생물체로 보았다.

이것이 세균이다

1915년 9월 11일 식민지 조선의 수도 경성에서는 대규모의 조선물산공진회가 열렸다. 이 공진회는 일본제국이 조선을 '병합'한 뒤 '시정 5년'을 기념하기 위해 열린 행사였다. 10월 말까지 50여 일 동안 열린 이 행사에 총 100만여 명이 참관했다. 조선인 유료 입장객만 해도 약 45만 명에 달했다. 사람들은 이 행사장에서 색다른 것을 구경할 수 있었다.

3개의 큰 진열관 가운데 제2관에는 현미경, 휴대용 진찰기 등 의료용 구가 전시되었다. 또한 임질균, 적리(이질)균, 흑사병균, 콜레라균, 폐렴 균 등의 모형이 병의 예방이나 치료에 쓰이는 각종 혈청 표본과 함께 놓였다. 그 옆에는 콜레라 환자의 장 모형, 두창 환자의 모형 등이 배치되었다. 이 전시물들은 사람들에게 끔찍한 전염병을 일으키는 실체가 육안으로는 보이지 않는 미생물임을 강조했다.

그곳을 방문한 사람들은 세균을 보고 어떤 인상을 받았을까? 이보다 10여 년 전의 기록을 통해 세균에 대한 느낌을 엿볼 수 있다.

> 근일에 한국 의사 1인이 호열자 병균 1개를 착득하여 유리병 안에 두었는데, 아주 미세해서 눈으로 보기 어려웠으나 4,000배 되는 현미경에 눈을 대서 본즉, 그 충의 형상이 머리 부분은 까맣고 몸 부분은 붉었으며 몸 주변에 까만 털이 나 있었는데, 이 의사가 이를 병원에 두고 한성 내 친한 사람을 초치하여 관광케 하고 병균 때문에 병이 생기는 이유와 죽여 없애는 방법을 설명하였다더라(『황성신문』, 1902년 10월 28일 자).

여기 나오는 한국 의사는 김익남이다. 그는 1895년 관비유학생으로 일본에 건너가 동경자혜의원 의학교를 졸업했다. 그 후 대한제국의 부름을 받아 1900년 귀국하여 관립의학교 교관으로 근무했다. 김익남은 콜레라균을 배양해서 대중에게 보여 줌으로써 콜레라 예방과 박멸 계몽에 활용하고자 했던 것이다.

공진회(共進會)를 준비한 조선총독부 측이나 대한제국기의 한국인 의

사는 대중에게 병원균의 실체를 알리기 위해 이처럼 '보여 주기' 방법을 사용했다. 앓는 환자의 모습도 볼 수 있고, 그에게서 채취한 병원균도 볼 수 있으며, 둘 사이의 인과관계도 도표로 볼 수 있다. 실체가 분명하기 때문에 어떤 비가시적인 설명보다 설득력이 높았다. 병원균의 실체를 확인하는 순간 500년도 넘는 관습, 즉 마마를 일으키는 두창이나 역병을 일으키는 온갖 귀신은 힘을 못 쓰게 되었다. 병원체가 서식하는 불결한 몸과 환경, 그렇게 만든 무지와 관습, 그것을 시정하려는 조치에 대한 저항 등이 모두 강력한 비난의 대상이 되기 시작했다.

2. 청결한 인생, 팽배한 불만

식민지의 위생경찰

1915년 6월 조선총독부는 '전염병예방령'을 발포하여 전염병예방령의 적용을 받을 수 있는 전염병의 종류를 확정하고, 그런 법정전염병이 유행하면 미리 규정된 각종 방역조치를 취할 수 있도록 했다. 전염병예방령은 식민지 시기 동안 방역을 위한 기본 법규로 활용되었다. 그다음 해인 1916년 콜레라가 발병하자 "부락 차단, 기차·선박의 검역 및 검역위원의 임명 등을 모두 신속하게 처리할 수 있어 그 차단에 공헌한 것이 자못 다대"하게 되었던 것도 전염병예방령 덕분이었다. 이처럼 체계화된 조직과 방역활동의 중심에는 위생경찰이 있었다. 위생경찰은 본래 오스트리아, 독일 등에서 비롯된 것이다. 이는 국가가 신민의 건강을 돌

그림 5-2 · 세균검사

보아야 한다는 가부장적인 이념에 기반을 둔 것이다. 일본은 위생경찰
개념을 19세기 말에 도입했고 조선은 일본을 통해 도입했다. 이후 조선
이 일본의 식민지가 되면서 일본의 직접적인 영향을 받게 되었다.

　전염병예방령의 주체는 각 도의 경무부장이었다. 전염병이 유행하
거나 유행할 우려가 있을 때 경무부장은 다음과 같은 조치를 취할 수 있
었다.

　일, 건강검진이나 사체검안을 행하는 것
　이, 시가 부락의 전부나 일부의 교통을 차단하거나 인민을 격리하는 것
　삼, 제례, 공양(供養), 흥행, 집회 등을 위해 많은 사람이 모이는 것을 제한
　　　하거나 금지하는 것
　사, 고저(古著), 남루(襤褸), 고면(古綿), 기타 병독을 전파할 우려가 있는 물

건의 이전을 제한하거나 정지하거나 그것을 폐기하는 것

오, 병독 전파의 매개가 될 음식물의 판매 수수를 금지하거나 폐기하는 것

육, 선박, 기차, 제조소, 기타 많은 사람이 모이는 장소에 의사를 고용하거나 예방상 필요한 시설을 하는 것

칠, 청결이나 소독방법을 시행하거나 그 시행을 명령하거나 우물, 상수, 하수, 구거, 쓰레기통, 변소의 신설, 개조, 변경, 폐지를 명령하거나 그 사용을 정지하는 것

팔, 일정한 장소에서 어로(漁撈), 수영, 혹은 물의 사용을 제한하거나 정지하는 것

구, 쥐의 구제(驅除) 또는 그에 관련된 시설을 하거나 하도록 하는 것

(『전염병예방령』,『조선총독부관보』, 1915년 6월 5일 자)

사실 이러한 위생경찰의 업무는 문명화된 국가에서는 일반적인 것으로 각종 전염병이나 질환으로부터 사람들을 보호하는 것이 목적이었다. 그러나 집행방식 측면에서 본다면 식민지 조선의 위생 행정은 대한제국이나 당시의 일본에 비해 훨씬 불완전하고 억압적이었다. 대한제국에서는 일반 위생사무를 위생국이, 집행사무는 경찰이 담당했다. 일본의 경우에도 일반 위생사무는 내무성 위생국이 맡았고 경찰은 그 집행을 맡았을 뿐이다. 그뿐 아니라 일본의 경우 '전염병 환자로 의심되는 경우'에 대한 의학적 판단이 신중하게 고려되었다. 전염병 환자라도 고의적인 위해행위가 아니면 처벌하지 않는다는 입장이었다.

그러나 식민지 조선에서는 경찰이 일반 위생사무까지 담당했다. 이들 경찰과 헌병은 전염병 유행지에서 조선인에 대한 삼엄한 단속을 실시했

다. 그 과정에서 경찰의 '자의적' 판단이 크게 개입되었다. 규정을 어긴 사람은 범죄자로 취급되었고 징역형을 살거나 많은 벌금을 내야 했다. 사람들은 위생경찰에 대한 불만을 이렇게 표현했다.

원수로다 원수로다 위생국이 설시되면
가가호호 청결하여 무병할 줄 알았더니
푼전 난득 이 내 산업 일본순사 저 등쌀에
식정(밥솥)까지 저당 잡혀 통통 설시(設施)하였는데
놀보집이 아니어든 똥천지가 무삼일고
그중에도 청결비를 매호매간 이 전씩에
제 똥 주고 값을 내니 개화법은 이러한가
장래 위생 고사하고 금일 당장 못살겠네

민간에서 피병원을 설하라

1920년 8월 중순 『동아일보』에 「민간에서 피병원을 설하라」라는 기사가 연속으로 실렸다. "당국만 바라지 말고 자기 살기 위하야 자기 힘으로 사립 피병원을 설립하라"는 소제목도 첨부되었다. 이후 한방과 양방을 병용 치료하는 피병원을 설립하기 위해 돈을 모았고 추진위원회를 결성했다. 피병원은 전염병 환자를 격리·수용하기 위한 의료시설이다. 당시 조선에서는 콜레라가 창궐하여 환자가 7,000명에 달했다. 경성에서도 전염병이 발생한 지 열흘 만에 환자가 400명이 되었다. 그러나 피병원은 경성부에서 운영하는 순화원(順化院) 한 군데밖에 없었다. 그나마 수용능력도 200명에 불과했다.

그런데 사립 피병원 설립 요구는 단순한 수용능력 부족 때문만은 아니었다. 이미 대한제국 시기부터 정부는 선교의사들을 의료진으로 갖춘 피병원을 설립한 바 있다. 동대문 근처 언덕배기에 설립된 피병원은 폐쇄될 때까지 135명의 환자를 수용했으나 시설은 매우 미비했다.

그림 5-3 · 사립 피병원 설립 요구 기사

의사와 간호사의 정성스러운 구호 노력에도 불구하고 대다수 환자는 회생하지 못하고 사망했다. 치사율이 75퍼센트에 이르렀다. 그래서 피병원은 "오직 집 없는 사람만이 그곳에 들어가기를 동의했을 뿐"인 유명무실한 곳이었다. 이러한 사정은 오랫동안 피병원을 기피하는 원인이 되었다. 1920년 당시에도 조선 사람들에게는 "거기 가기만 하면 사람이 죽는 곳"이라는 관념이 마음속 깊이 쌓여 있었다. 수용 환경도 열악해서 '살아 있는 지옥'으로 불렸다.

이러한 불만은 때때로 위생경찰 업무에 대한 반발로 표출되었다. 1920년 8월, 광화문 앞에서는 경찰이 조선인 남자 한 사람과 실랑이를 벌이고 있었다. 경찰은 콜레라 보균자로 의심되는 그를 순화원으로 데려가려 했다. 남자는 한사코 연행에 반항하고 있었다. 차츰 모여든 사람들은 경관에게 돌을 던지며 '보균자'를 빼앗아서 세브란스 병원으로 데

려갔다. 그러나 이러한 불만이 조선인에 의한 사립 피병원 건립으로까지는 이어지지 못했다. 일제가 제정한 법규를 충족하는 피병원을 스스로의 힘으로 건립하기에는 재력이 모자랐다.

3. '건강'을 둘러싼 갈등

한의학의 도전

『조선일보』1934년 2월 16일 자에는 서양의학 전공 의사인 장기무의 '한방의학 부흥책'이 실렸다. 3회에 걸친 연재기사를 통해 그는 한의학을 옹호했다. 장기무에 따르면 한의학 체계에는 별다른 문제가 없으며, 문제가 되는 부분은 그것이 어려운 개념과 말로 되어 있는 점과 표준화되어 있지 않은 점이라고 했다. 독자적인 연구소와 부속병원을 설치해서 한의학 표준화 작업을 하자는 것이 그가 내세운 대안이었다.

이러한 장기무의 생각은 대다수 서양의학 전공자의 견해와는 크게 달랐다. 경성제국대학 의학부 박사 출신인 정근양은 즉각 『조선일보』에 5회에 걸쳐 반론을 제기했다. 그의 주장에 따르면 과학적 방법이라는 프리즘을 통과한 의학만이 있을 뿐이라는 것이다. 한의학의 유용성은 독자적 표준화가 아니라 오직 분석적·과학적 검증을 거친 뒤에야 인정받을 수 있다는 것이다.

이어 장기무의 재반론이 나왔고, 둘 사이의 논쟁에 이을호와 조헌영이 각각 개입했다. 이을호는 경성약학전문학교에서 약학을 전공했지만 한의학 대가에게 사사받은 바 있었다. 그는 의학이 추구하는 정신이 하나여야 한다는 정근양의 주장을 일단 인정했다. 그러면서도 분석의학이 의학 일원화의 최종 목표가 될 수 없다고 했다. 이 주장에는 종합의학(한의학) 대 분석의학(서양의학)이라는 일본 한의계의 개념 틀이 동원되었다. 조헌영은 와세다 대학 영문학부 출신으로 신간회 동경지회장 등을 역임한 인물이다. 그는 한·양방 의학의 사회적 성격을 본격적으로 거론했다. 그는 한의학이 서양의술보다 훨씬 싸고 쉽게 이용할 수 있는 민중의학이라고 주장했다. 9개월에 걸친 이 논쟁은 뚜렷한 합의점이나 어느 한쪽의 일방적인 승리 없이 끝났다. 하지만 한의학과 전통의 가치를 사회적으로 부각시키는 데는 커다란 성과를 거두었다.

이러한 논쟁의 근본 배경에는 한의학 정책의 전환이 자리하고 있었다. 조선총독부는 대한제국에 비해 한의학을 용인하는 데 소극적이었다. 조선총독부는 1913년 '의생규칙'을 반포해서 한의학을 한시적으로 인정한 바 있었으나, 여기서 한의사는 의사보다 한 등급 아래인 '의생(醫生)'으로 규정되었다. 이후 한의는 꾸준히 줄고 양의는 계속 늘었다. 그러나 1930년대에 와서도 보통의료 이용조차 개선되지 않아 조선인의 불만이 높아졌다. 한의와 양의를 합친 의사 수가 인구 증가에 미치지 못했기 때문이다. 1930년대에 고조된 전쟁 분위기는 불만을 가속화시켰다. 이에 따라 관에서 솔선하여 한의학에 대한 정책을 근본적으로 재고하기 시작했다. 한약재 재배를 권장하고 한약 연구기관을 설치하는 조처가 뒤따랐다. 앞의 논쟁은 이런 분위기 속에서 가능했다. 1920년대를 거치면서 성장해 온 한의집단 내 운동가들의 생각이 사회적으로 확산되기 시작한 것이다.

그렇지만 논쟁이 지속되고 독자들의 관심이 계속된 데에는 다른 이

유도 있었다. 그것은 지난 30여 년간 식민지 조선에서 이루어진 근대 의료에 대한 최초의 반성과 관련되었다. 서양 근대의학은 실험에 기초한 의학이고 여기에는 의사 양성비용과 의료기구, 의약품이 요구되었다. 따라서 서양의료는 고가였고 조선인은 이를 감당하기 힘들었다. 게다가 서양의료도 만능은 아니었다. 반면 한의학으로는 많은 병을 고쳤고 값도 쌌다. "도대체 한의학이 가진 경제성과 경쟁력의 원천은 무엇인가?"—이런 질문이 당시의 재검토와 논쟁의 단서가 되었다.

우생학과 단종수술

윌슨(R. M. Wilson)은 전남 광주 나(癩) 요양원의 책임자였다. 그는 보고서에서 식민지 시기 나환자들의 결혼과정을 다음과 같이 기록했다.

우리는 나환자들을 결혼시키는 작은 시험을 했다. 약 1년 전에 11명의 남성 환자를 선발하여 특정한 규칙과 조건 아래에서 단종(斷種)을 하고 결혼을 할 것인가를 논의했다. 그중 한 명이 포기하고 10명이 동의했다. …… 간단한 절차의 거세가 행해졌다. 한 손으로 줄을 잡고 약 1퍼센트의 노보케인 10cc를 주사한다. 계속 줄을 잡은 다음 잘라 내고 퍼셉(집게)으로 줄을 잡는다. 두 바늘 꿰맸다. 오직 10분 정도가 걸린 수술이었다. 문제가 있었던 경우는 없다. 3일간 병원에 입원한 후 각자 방으로 돌아간다. 거기에서 1주일간 쉰다. 한국의 결혼은 제3자가 개입하는데, 건물을 짓고 준비하는 기간에 중매인이 적당한 신붓감을 고르는 일로 바빴을 것이다. 각자가 스스로 자기 짝을 고르면 우리는 그녀에게 신체검사를 행한다.

이것이 단종을 전제로 한 결혼 장면으로, 우리나라에서는 1934년 윌슨에 의해 시작되었다. 소록도 갱생원도 1936년부터 남성 환자의 단종을 전제조건으로 환자들의 결혼을 허용했다. 처음에는 이런 조건에 반발해서 불응하던 환자들도 점차 이에 응하여 1941년에는 840쌍의 나환자가 결혼했다. 윌슨은 단종이 환자들의 자발적 선택에 따른 것이고 결혼 효과도 뛰어났음을 강조했다. 그러나 이러한 '단종과 결혼' 자체는 나환자 통제에 일본의 우생주의 개념이 그대로 적용되고 있음을 보여 주는 사례이다. 더욱이 소록도의 경우 단종은 훨씬 더 직접적인 환자 통제의 도구로 사용되었다. 원규를 위반해서 감금실에 들어간 환자에게는 석방과 동시에 단종수술이 가해졌다.

단종수술에서 극단적 형태로 나타나는 우생학적 관심은 나환자의 경우에만 해당되는 것은 아니었다. 이미 1930년대 중일전쟁을 전후한 시점부터 식민지 조선에서는 조선인의 저열한 체위와 체력을 우려하는 기사가 빈번하게 등장했다. 이러한 관심은 1939년에 '이상아동보호법' 제정으로 이어졌다. 또 '악질의 유전성 질환의 소질을 가진 자'를 '내부의 적'으로 보는 인식은 1941년 7월에 제정된 '국민우생법'으로 이어졌다. 이 법에서는 52개 질병을 가진 환자를 단종수술 대상으로 규정하기에 이르렀다.

물론 우생법에서는 본인 동의에 의한 신청만을 실시하도록 규정해 놓았고 실제로 나환자를 제외하고는 우생법에 의한 단종수술 사례는 찾기 힘들다. 그러나 이 법에 의해 52개의 광범위한 질병이 유전적 이상으로 규정되었다. 나아가 빈민, 실업자, 불량아들조차도 우생학적 관점에 따라 악질(惡疾) 보유자로 낙인찍혔다.

해방이 되자마자 소록도에서는 신사(神社) 파괴, 감금실 해방, 형무소

해방, 단종수술 소멸 등이 이루어졌다. 많은 환자들이 소록도를 빠져나와 전국 각지로 흩어졌다. 그러나 나환자를 강제로 격리하고 근절해야 할 '적'으로 보는 관점은 쉽게 사라지지 않았다. 그 결과 소록도를 비롯한 여러 지역에서는 나환자 학살 사건이 발생했다. 선교 나 요양원에서도 단종수술은 중지되었으나 소록도보다는 훨씬 안정적인 변화가 이루어졌다. 폐쇄되었던 부산의 나 요양원은 1946년에 복구되었다. 일제 말기 한국을 떠났던 윌슨은 1946년 미군정의 나 정책 담당자가 되어 한국으로 돌아와 소록도 등을 직접 관장했다.

4. 새로운 방역자, 미국

콜레라엔 김치가 특효?

1947년 1월 10일 서울대학교 의과대학 강당에서는 콜레라방역학술조사단의 연구보고회가 개최되었다. 환자를 해부해서 세균학, 병리학, 임상학 등 다각도에 걸쳐 연구함으로써 금후 방역대책에 기여하는 것이 보고회의 근본 취지였다. 이 보고 가운데 김치와 콜레라의 관계에 관한 연구가 주목을 끌었다. 이 연구에 따르면, 김치 재료에 섞인 콜레라균은 김치를 담근 지 10시간에서 15시간이면 모두 사멸했다. 마늘 즙에서는 3시간 만에 죽었다. 김치와 마늘즙이 콜레라 퇴치에 효과가 있다는 주장도 흥미롭다. 그러나 언론이 이 보고회에 주목한 더 큰 이유는 그 전년도에 한국 사회에 콜레라가 만연했기 때문이었다. 『동아일보』 기사를 보면, 대략 1만 5,000여 명의 환자가 발생했고 1만여 명이 사망했다.

해방이 되면서 한반도를 중심으로 극심한 인구이동이 일어났다. 한반도에 있던 일본인은 본국으로 빠져나가고, 강제연행이나 이민, 도항 등으로 해외에 있던 한국인 다수는 해방된 고국을 향해 귀환을 서둘렀다. 1946년 5월 초 부산 앞바다에는 수송선 한 척이 떠 있었다. 그곳에는 3,000여 명의 한국인들이 타고 있었다. 대부분 일제 말기 전시체제기에 일본에 의해 해남도(海南島, 하이난섬), 남지나(南支那, 화난)까지 끌려간 사람들이었다. 그런데 이 배는 일주일째 상륙하지 못하고 있었다. 배 안에 콜레라 등의 전염병이 창궐하여 사망자가 발생했고 환자가 늘어나고 있었기 때문이다.

미군정 당국의 방역작업에도 불구하고 콜레라는 한 달이 못되어 부산 전역에 만연하게 되었고, 전국 각지로 확산될 조짐도 보였다. 민심의 동요와 불안이 나타나자 미군정청 보건후생부장 컬렌 대좌는 6월 초 다음과 같은 내용의 담화를 발표했다.

콜레라는 현재 부산에서 발생되고 있는 것이 제일 관심이 크다. 지금 부산과 그 근교에 발생된 환자는 92명인데 그중 30명이 사망했다. …… 그리고 전남 목포에도 13명의 환자가 발생되어 그중 7명이 사망하였는데, 이 예방에 필요한 약품은 풍부하다. 서울에는 지금까지 2명인데 한 명이 사망했다. …… 경북에는 4명이 발생하여 한 명이 사망하고 충남에서도 5명이 발생하여 2명이 사망했다. 이상에 말한 것은 전부 정식 보고에 따른 것이니 일반은 이 발표만을 믿고 다른 유언에 동요되지 말기를 바란다. 현재 남조선에 유행하고 있는 콜레라는 앞으로 2주일 내지 3주일 안으로 완전히 퇴치시킬 준비를 갖추고 있으니 일반도 발견되는 대로 보고해 주기 바라며, 될 수 있는 대로 여행을 삼가고 각 개인이 음식물에 특별히 주의해 주기 바란다(『서울신문』, 1946년 6월 5일 자).

이 담화에도 불구하고 콜레라는 진정될 기미를 보이지 않았다. 오히려 무더운 여름철 동안 부산, 인천 등 항구를 중심으로 전국으로 빠르게 번졌다. 미군정청에서는 관계 책임자가 대책을 세우기 위해 비행기를 타고 부산을 시찰했다. 각 지역의 보건행정기구들은 예방주사를 놓고 방역활동을 하느라 여념이 없었다. 군정청 보건후생부는 부산, 인천 양 부두에 방역소를 설치했다. 천안, 대전, 동두천 등에도 방역소를 두고 통행자들에게 방역 조치를 했다. 열차에도 방역반을 조직하여 가동했다. 콜레라 감찰반을 조직해서 정보 수집과 방역활동, 수돗물 감시, 우물 소독 등도 실시했다. 경기도의 극장에서는 방역반을 조직해서 '콜레라 증명서'를 갖지 않은 사람은 입장을 금지하기도 했다. 방역중앙본부에서는 전국의 의학생들을 총동원해서 방역활동을 지원했다. 충남에서는 한 의학생이 소독살충약으로 지급받은 DDT를 주사약으로 잘못 알고 물에 풀어 주사를 놓는 실수도 했다. 이렇게 만연한 콜레라는 찬바람이 불기 시작한 9월부터 기세가 꺾이기 시작했다. 10월 초가 되자 콜레라로 인한 일반의 여행 제한이 해제되는 등 안정을 되찾았다.

또 하나의 전쟁, 방역

해방 후 한국인들은 한반도에 통일국가를 수립할 것을 열망했다. 그러나 미소 양대 강국의 이해관계와 한국 내 좌우 정치세력의 분열 속에 이 열망은 좌절되었다. 남북에 각각 분단정권이 수립되고 급기야 전쟁

그림 5-4 · DDT 살포

이 발발했다. 전쟁 초기에 남한의 대다수 지역은 인민군에게 점령되고 피란민들은 부산·경남 지역으로 몰려들었다.

부산에서는 피란민이 몰려 전염병 발병 가능성이 높아졌다. 생필품도 부족했다. 미군의 보건후생 관련 요원들은 부산 피란민촌의 위생방역에 힘을 쏟았다. 미 8군 사령부는 경제원조와 민간구호를 위해 1950년 12월경 유엔민사처(UNCACK)를 설치했다. 유엔민사처는 각 도와 주요 도시에 예하 지부를 설치하였다. 이 기구는 도 및 산하 행정기관의 보건위생, 노동, 복지 등 관련 분야 운영에 개입했다.

위생방역 업무는 미군의 대민활동에서 중요한 사안이었다. 피란민의 집단생활과 이동에 따른 전염병 확산은 군사력 유지에도 커다란 영향을 미칠 수 있었기 때문이다. 유엔민사처는 피란민의 주요 이동로를 통제하고 전염병 확산 방지 및 DDT 살포 등의 방역활동을 전개했다. 1951년 2월부터 동년 8월까지 유엔군 점령지역에 있던 한국인들 중 67퍼센트가 발진티푸스, 87퍼센트가 장티푸스, 70퍼센트가 천연두 예방접종을 받았다. 1951년 9월 30일 전체 인구의 75퍼센트가 DDT 살포를 받았다. 한국 정부와 유엔민사처의 협력 아래 이러한 예방접종은 1953년까지 지속적으로 추진되었다. 그 결과 전염병 발병률은 급격한 감소 추세를 보였다.

1951년 중반 이후 전선이 교착되자 유엔민사처는 정부와 협력하여 전국적인 위생보건 사업을 추진하는 한편, 보건 및 사회복지 분야에 대한 관심도 확대하기 시작했다. 지역 의사와 간호사들에게 청년층이 많이 감염되어 있는 결핵의 예방과 치료법을 교육시켰다. 나병 퇴치를 위해 나환자에 대한 정확한 소재 및 정보 파악과 더불어 요양소 건립도 지원했다. 이 밖에도 어린이 보호시설을 마련해서 3만여 명의 전쟁고아를 보호했으며, 피란민 재정착을 위한 사업도 전개했다. 유엔민사처는 휴전 뒤에 주한민사처로 개칭되어 1955년까지 미군의 대민활동 담당 기구로서 계속 기능했다.

3년에 걸친 한국전쟁은 기존 보건의료 시설을 파괴하고 일제 의학의 물적 토대를 파괴했다. 이는 일본식 의학이 미국식 의학으로 바뀌는 객관적인 여건을 제공했다. 여기에 미국이 보건위생 분야의 인력 양성을 적극 지원함으로써 잔존해 있던 일제의 영향력이 완전히 제거되었다. 특히 민사처의 활동은 일본을 대체한 새로운 방역자의 역할을 자임함으로써 한국인들 다수는 미국을 시혜적인 국가로 느끼게 되었다.

◎ 참고문헌

김근배, 「20세기 식민지 조선의 과학과 기술·개발의 씨앗?」, 『역사비평』 통권 제56호 (가을), 역사비평사, 2001.

박윤재, 「파리를 잡아오세요」, 한국역사연구회 지음, 『우리는 지난 100년 동안 어떻게 살았을까 — 삶과 문화 이야기』, 역사비평사, 1999(1998).

_____, 「한말·일제 초 방역법규의 반포와 방역체계의 형성」, 연세대학교 국학연구원 편, 『일제의 식민지배와 일상생활』, 혜안, 2004.

신동원, 「1930년대 한의의 근대성·과학성 논쟁」, 『논쟁으로 본 한국사회 100년』, 역사 비평사, 2000.

_____, 『몸과 의학의 한국사: 호열자, 조선을 습격하다』, 역사비평사, 2004.

_____, 『호환 마마 천연두: 병의 일상 개념사』, 돌베개, 2013.

여인석 외, 『한국의학사』, KMA 의료정책연구소, 2012.

전우용, 『현대인의 탄생』, 이순, 2011.

조형근, 「식민지체제와 의료적 규율화」, 『근대주체와 식민지 규율권력』, 문화과학사, 1997.

6장

교육
학교와 근대적 인간의 형성

허
수

1. 근대교육에 거는 희망

교육은 국가를 보존하는 근본

개항 무렵 조선의 지식인들이 매우 시급하다고 생각한 것은 교육개혁이었다. 부국강병을 이루려면 무엇보다도 새로운 인재가 필요했기 때문이다. 그래야 서양의 과학기술과 문물을 빨리 받아들일 수 있었다. 교육 분야에서도 전통적인 것과 근대적인 것은 커다란 차이가 있었다. 동서양 할 것 없이 전근대 학문체계는 대체로 통합적이었다. 서양에서 발달한 근대학문과 교육체계는 이와 달랐다. 그것은 근대 초 서양의 분석적 사고를 반영하여 학제(學制)와 분과(分科)를 중심으로 했다. 근대적 학제의 편제는 '초등−중고등−대학'처럼 서로 계단식으로 연결되고, 또 일반인에게 열려 있었다. 이 점에서 조선시대 교육기관인 서당, 4학·향교·서원, 성균관 등과 달랐다. 또 근대적 분과체계는 경험과 실증을 통해 형성된 각 분야별 전문적 지식 전달을 목표로 했다. 이는 우주론적

세계관을 바탕으로 만물을 이해하고 설
명하는 전근대적 방식과 달랐다. 정부와
민간에서는 이러한 특징을 가진 근대교
육을 받아들여 국권을 지키고 자력적인
근대화 사업을 추진하려 했다.

　정부의 근대교육 도입 노력은 조사시
찰단의 일본 파견, 별기군(別技軍), 동문학
(同文學), 육영공원(育英公院) 설립 등으로 나
타났다. 그렇지만 1894년 갑오개혁에서
근대교육을 비로소 제도적으로 확립했
다. 당시의 교육개혁안을 보면 일반 보통
교육의 토대 위에서 중등교육과 대학교
육을 연속적·누적적으로 배치했다. 외국

그림 6-1 · 교육에 관한 특별 조서

어교육, 전문교육, 특수교육은 각각 따로 설정했다. 제도상으로는 일단
완비된 모양을 갖춘 셈이다. 이듬해인 1895년 고종은 교육입국에 관한
조서를 발표하여 근대교육의 중요성을 역설했다.

　　가로되 이 세 가지(지·덕·체)는 강기(綱紀)일지니, 내 정부에 명하여 널리
　　학교를 베풀고 인재를 양성하여 너희들 신민의 학식으로써 국가 중흥 대
　　공을 완성하게 하노니, 너희들 신민은 충군(忠君)하고 애국하는 심성으로
　　덕(德)과 지(智)를 길러라.

고종은 이 조서에서 구학문을 "옛사람의 찌꺼기를 줍는 것"이라 비판
했다. 나아가 문명 부강한 국가가 되기 위해서는 인민의 지식을 개명시

키는 것이 최우선이며, "교육은 실로 국가를 보존하는 근본"이라고 힘주어 선언했다.

대학의 설립까지는 이르지 못하였으나 갑오개혁기의 학제개편안은 보통교육 및 중등교육 부문에 반영되었다. 1894년 9월에는 교동에서 사범학교와 부속소학교가 개교했다. 1900년에는 관립중학교가 설립되었다. 이 밖에도 법관양성소 설치를 위한 '법부관제'와 '외국어학교관제' '무관학교관제' 등이 잇달아 발포되었다. 이렇게 해서 갑오개혁기에는 '소학교–중학교–대학교'로 이어지는 기본 학제와 중등 정도의 전문 교육기관이 병립하는 교육제도의 틀이 마련되었다. 이러한 제도적 틀은 대한제국 시기에도 계승되었다. 고종은 군사, 의학 등 일부 분야에서 대학교 설립을 구체적으로 준비했다. 1905년에는 보성전문학교를 설립하여 이 학교를 대학으로 발전시키고자 했다. 그러나 을사조약 이후 통감부는 초등교육 및 기초적인 실업교육에 중점을 두었고, 고등전문교육기관은 폐쇄하거나 축소했다. 그 결과 전문교육은 정규학제에서 제외되어 공업전습소처럼 특수 기술교육기관으로 격하되었다.

동맹휴학과 단지(斷指)동맹

당시 정부뿐 아니라 개화 지식인도 근대교육 도입에 적극적이었다. 그들은 국가나 민족의 존망이 자강, 곧 힘의 강약에 달려 있다고 보았다. 또한 이 자강은 교육과 산업 발전을 통한 실력 양성으로 이룰 수 있다고 생각했다. "아는 것이 힘이다, 배워야 산다"가 그들의 슬로건이었다. 개화 지식인들은 1896년 독립협회운동 이후 국민교육회나 각종 학회를 조직해서 자산가에게 학교 설립을 권유하고, 자신이 직접 설립자로 나서기도 했다. 그들에 의해 계몽된 사람들 가운데는 점차 자신의 권리와 국가적 위기에 눈뜨는 사람들이 생겨났다. 만민공동회에 참석한 사람들 속에서 그러한 경우를 쉽게 찾아볼 수 있다.

독립협회와 만민공동회는 러시아의 정치·경제적 침략을 저지하고 부패 관리의 사직을 이끌어 냈다. 그러나 이 조직들은 군주제를 폐지하려 한다는 혐의를 받고 1898년 11월 정부의 유혈진압으로 해산되었다. 이 사실을 알게 된 각 학교 학생들은 '동맹휴학'을 하고 만민공동회장으로 달려갔다. 동네 아이들 40여 명으로 조직된 자동의사회(子童義士會)가 만민공동회에서 충군애국에 관한 연설을 하여 어른들의 열렬한 환호를 받았다. 무관학도들도 만민공동회에 참가했다가 구류를 당했다. 학생, 상인, 지식인을 비롯한 서울시민들은 만민공동회에 참가해서 웅변과 연설을 통해 개화계몽과 충군애국에 관한 다양한 요구를 표출했다.

만민공동회 해산 후 잠잠하던 아래로부터의 계몽운동은 1905년 을사조약이 체결되면서 다시 분출했다. 서울 시내 소학교 300여 명의 학생들과 고등소학교 학생들은 국민교육회를 비롯한 기타 단체들과 함께 동맹휴학에 들어갔다. 일본 유학생 최창조 등 21명은 혈서를 써 본국에 보내고 "비록 굶어 죽는다고 하더라도 배움을 이루지 못하면 환국하지 못하겠다"고 하여 학업에 관한 강한 의지를 보였다. 계몽운동은 1907년 한일신협약 이후 1909년까지 최고조에 달했다. 이와 함께 전국적으로 의병이 일어났다. 대다수의 학교가 동맹휴학에 돌입하는 가운데 교사와 학생들이 자신의 손가락을 끊어 충군애국의 의지를 천명하는 일도 나타났다.

함흥 사람 한 명이 눈에 눈물을 뿌리며 그 열일곱 학생의 단지(斷指)한 사실을 자세히 말하며, 북녘 지방에 봄은 오고 상원달이 밝았는데 애국가 한 소리에 그 고을 풍호리에 있는 보창학교 학생 오십 명이 모여 …… 애통한 말로 서로를 권면하더니 그중에 열일곱 사람은 혈성이 더욱 발발하여 하늘을 가리키며 맹세를 하며, "우리가 한국을 반드시 회복하리라", "우리가 우리 한국 동포를 반드시 건지리라", "우리가 우리 삼천리강산을 보전하리라", "우리가 우리 사천 년 역사를 반드시 빛내리라" 하고 각각 찼던 칼을 빼어 손가락 한 개씩을 베어 흐르는 피로 동맹하는 글을 썼다 하니, 장하다 저 열일곱 학생의 손가락 피여(「학계의 꽃」, 『대한매일신보』, 1908년 5월 16일 자).

일본 헌병들은 단지를 한 학생을 의병 관련과 내란선동죄로 잡아들였다. 그러나 학생들은 계속해서 단지동맹을 결성하였고 그들이 흘린 피가 전국을 붉게 물들였다.

2. 식민지 시기 '보통학생'의 형성

'보통학교'의 정착

전근대 시기에 아이들의 교육은 주로 가정이나 서당을 중심으로 이루어졌다. 개항기와 일제강점기에 근대교육이 보급되면서 교육의 중심 장소는 점차 학교로 옮겨 갔다. 특히 초등교육기관인 보통학교는 가장 일반적인 교육 장소였다. 통감부 시기인 1906년 8월부터 일제는 '보통학

그림 6-2 · 보통학교 수업 광경

교령'을 발포하여 대한제국 황실에 대한 충군애국을 불러일으키는 국민
교육을 배제하고 간이와 실용을 기본 방침으로 삼았다. 1910년 이후에
도 이런 방침은 그대로 이어졌다. 1910년대에 총독부는 사립학교가 표
방한 민족의식과 정치적 성격을 견제하고 억압했다. 반면 통감부의 보
통학교정책은 그대로 계승했다. 식민지 내의 일본인 초등교육기관을
'소학교'라고 부른 것과 달리 '보통학교'라는 이 명칭에는 중등 및 고등
교육을 억제하고 초등교육을 종결 교육으로 삼으려는 식민교육정책의
의도가 담겨 있었다.

그러나 보통학교의 출발은 순조롭지 않았다. 이미 통감부 시기부터
일제는 관·공립소학교를 4년제 보통학교로 개량하고 저학년부터 일본
어를 익히게 했다. 그럼에도 중류 이상의 조선인은 그들의 자식을 보통
학교에 입학시키려 하지 않았다. 보통학교는 가난한 아이들만 다닌다는
뜻으로 '빈민학교'라 불리기도 했다. 순사, 판임관 등의 채용에 일본어

를 시험과목으로 넣으면서 일부 중류층 자제들이 보통학교에 입학하기도 했다. 하지만 1910년 무렵에도 보통학교 취학률은 1퍼센트에도 미치지 못했다. 경성이나 기타 도회지를 제외한 벽지에서는 여전히 입학생모집에 많은 어려움을 겪었다. 순사나 헌병보조원들이 보통학교에 입학시키기 위해 서당에 들이닥쳐 아이들을 끌고 가기도 했다. 사람들은 단발에 대한 거부감과, "학교에 다니면 나중에 일본 병정으로 뽑혀 간다"는 소문에 학교라면 질색을 할 정도로 회피했다. 그러나 1919년 3·1운동을 전후로 조선 사람들은 보통학교 취학에 적극적인 태도로 돌아서기 시작했고, 1923년 무렵에는 서당 학생보다 보통학교 학생 숫자가 더 많아졌다. 이는 보통학교가 조선 사회에 정착되고 있음을 보여 주는 것으로 다음 글은 당시의 세태를 잘 보여 주는 사례이다.

그래 그놈이 열 살 때에 보통학교를 보냈소. 내 생각 같아서는 구학문을 시켰겠으나 신시대에는 신학문을 배워야 한다기에 여러 사람의 권에염에 못 이겨 그리한 것이지요. 그래 5년 동안 다녀 보통학교를 졸업이라고 합디다. 졸업을 하였다니 얼마나 공부를 했나 하고 우선 천자를 읽혀보지 않았소.

허허!! 그랬더니 맨 처음에 있는 일천 천자를 손가락으로 가리키며 무엇? '센자요' 하던가 그리고 도무지 읽지를 못합디다.

그뿐이겠소. 5년 동안 무엇을 배웠느냐니까 국어, 산술, 도화, 창가, 체조, …… 라면서 무엇인지 이름만 죽 늘어 놉디다. 하도 어이가 없고 답답하여서 그놈을 데리고 학교에 다시 가서 교사더러 묻지 않았소. 물었더니 교사 역시 국어, 산술, 도화, 체조, …… 라고만 합디다. 앞으로 어쩌면 좋으냐고 하니까 경성 유학을 시켜야 한다든가요. 그래 그런가

보다고 그해 봄에 제 동무 몇과 한가지로 서울로 보냈지요(남영희, 「학교무용론」, 『혜성』 1931년 3월호).

이 글에서는 전통적인 교육관념에 익숙한 사람이 근대적인 학제관념이나 분과체제에 대해 가진 생소함과 불만이 표현되어 있다. 또 그런 상황에서도 보통학교 입학이나 상급학교 진학이라는 대세를 따를 수밖에 없었던 시대 상황도 감지된다. 이미 보통학교의 팽창은 돌이킬 수 없는 대세가 되었다. 1920년대 말 이후 1930년대 중반으로 가면 보통학교에 대한 요구는 더욱 거세어져서 면 단위로 보통학교를 신설하거나 증설하는 요구가 나타났다.

학생의 일상과 훈육

보통학교에 취학한 아동은 수신, 일본어, 조선어 등의 교과내용을 배웠다. 동시에 각종 형태의 규칙과 '심득(心得)'을 습득하여 근대적인 규율을 내면화했다. 여기에는 처벌을 통한 직접적 강제도 있었다. 그러나 반복적 훈련 및 집단활동, 그리고 학교의 공간배치 등 간접적·무의식적 방법이 중심을 이루었다.

교실의 배치도 비슷한 방침 위에서 이루어졌다. 교실 전면에 칠판과 교단, 교탁이 있고 일본 천황 궁성 사진이 칠판 위에 걸려 있었다. 칠판 좌우 벽에 교훈, 급훈과 지도가 걸렸다. 교실 후면 벽에는 통고 사항 등을 게시하는 칠판, 학생 그림 작품 등을 전시하는 게시판 등이 있었다. 양쪽 벽에는 각종 슬로건 등을 담은 액자나 서예 걸이 등이 걸렸다. 이런 교실의 모습은 오늘날의 교실 모습과 크게 다르지 않다. 1930년대에는 70명 남짓한 학생들이 이 교실에서 모두 교단의 선생님을 바라보며 교사의 통제 아래 수업을 받았다. 교수용어는 일본어였고, 동일한 내용을 동시에 전달받았다. 이런 교육방식에 대해 미국에서 교육학을 공부하고 귀국한 주요섭은 1931년 무렵, "교실에 들어가 앉은 생도는 곧 생각도 말아야 되고 보지도 말고 손으로 만지지도 말고 그저 죽은 송장처럼 또는 목재로 만든 통처럼 가만히 앉아 있어야 한다"고 꼬집었다.

이 밖에도 보통학교에서는 학생의 가정환경과 출결 상황, 성적 등을 학적부에 기록하고, 학생의 지적·정의적(情意的)·신체적 성향도 개성조사부에 기술했다. 이렇듯 보통학교에서는 학생의 개인정보를 매우 치밀하고 조직적인 방식으로 정리하고 관리했다.

그러나 보통학교의 다양한 규율 가운데 가장 주목할 것은 조회(朝會)였다. 조회는 매일 학과수업 전에 실시되었는데 전교생과 교직원이 집합한 가운데 운동장에서 치러졌다. 1929년 경성사범학교 부속보통학교의 조회는 다음 순서로 이루어졌다.

첫째, 매일 아침 시업시각 15분 전에 조회 예령이 울리고 5분 후 본령이 울린다. 예령으로 아동은 전부 참석하여 본령이 울리든 아니든 아무 말 없이 정렬을 마친다. 6학년 급장의 호령으로 일제히 정돈한다.

둘째, 주번 선생이 등단하고 6학년 급장의 "센세오하요고자이마스"(선생님 안녕하십니까)라는 말을 신호로 전 아동이 "센세오하요고자이마스"(선생님 안녕하십니까)라고 선생에게 경례한다.

셋째, 전 직원과 아동이 함께 본교에 있는 어영봉안소에 대해 최경례를 하고 성수만세(聖壽萬歲)를 축봉한다. 이를 통해 국민정신의 수양, 충군의 지조를 새롭게 한다.

넷째, 감은봉사의 노래를 합창한다.

다섯째, 주번 선생이 등단하여 그 주에 특히 노력해야 할 방면에 관해 훈사를 하거나 학교 및 사회·국가에서 일어난 일 중에서 중요하여 아동에게 알게 할 필요가 있는 것에 관해 아동에게 알린다. 또 아동의 풍기, 기타 필요한 사항에 관해 전교 아동에게 계고해야 할 것을 훈유하기도 한다.

여섯째, 간단한 체조를 한다.

일곱째, 권학가를 합창한다. 마지막으로 6학년 급장의 호령으로 일동 경례한다.

여덟째, 직원 이하의 순서로 퇴장하면 각 학급 아동은 급장이 선도하여 교실로 들어간다(京師附普訓育部, 「訓練の實際」, 『朝鮮の敎育硏究』, 1929).

경례, 호령, 훈화, 검열 등 조회가 이루어지는 교정은 질서정연한 세계를 보여 준다. 그것은 엄격한 명령과 복종의 상하질서였다. 조회는 교사와 학생 사이의 명령—복종 관계가 사회적으로 연계되어 가는 것을 가시화했다. 명령—복종 관계는 교사와 학생 사이에서 교장과 '부하 교원' 사이로, 나아가 천황과 국민의 충성·복종 관계로 이어졌다. 총독부가 지정한 축일에는 조회 속에 기미가요 합창이나 교육칙어 봉독 등이 삽입되었다. 긴 칙어의 봉독과 교장의 훈화가 이어지는 조회는 아동에게 견디기 힘든 시간이었다. 아동들은 식을 마치면 나누어 주는 모찌 등 기념 과자를 기대하며 조회를 견뎌 냈다. 그 와중에 이런 조회를 통해 일제의 천황제 이데올로기는 부지불식간에 식민지 아동에게 주입되었다.

3. 갈 곳 없는 졸업생

황국 일본의 병사가 되라

일제 말기의 교육정책은 전쟁 수행과 떨어질 수 없는 관계였다. 일제는 중일전쟁을 도발한 이듬해인 1938년 3월 제3차 조선교육령을 발포했다. 그 골자는 보통교육에서 조선인과 재조선 일본인의 차별을 철폐하고 동일한 법규 아래에서 교육한다는 것이다. 총독부는 이를 두고 내선일체의 취지를 학제상에 전면 구현한 것이라 선전했다. 그러나 실제로 그것은 '신동아 건설'을 위한 '국민 자질의 순화 향상'을 명분으로 한 황민화 교육이었다. 현실적으로는 '국방의 중임을 나누어 짊어지는 지

그림 6-3 · 조선신궁 참배

원병제도'와 직결되었다. 이를 위한 3대 교육강령으로 국체명징, 내선일체, 인고단련 등이 제정되었다. 각급 학교에서는 황국신민서사를 암송, 제창해야만 했다.

또 일제는 1941년 들어 '국민학교' 제도를 식민지 조선과 일본에 함께 실시했다. 이를 "내선일체의 내실이 갖추어져 의무교육을 향해 일보 전진한 것"으로 평가했다. 그러나 이 또한 전선의 확대에 따른 황민화 교육 강화 필요에 따른 것이었다. 1943년에는 징병제 실시를 위하여 의무교육제를 1946년부터 실시하기로 결정했다.

이처럼 일제는 전시총동원체제에 대응하여 조선인을 진정한 황국신민으로 육성하고자 했다. 당시의 '국민'이란 '자발적'으로 전장에 나가 일본 천황을 위해 죽을 수 있는 '황국 일본의 신민'을 뜻했다. 이 점에서 당시의 초등교육은 궁극적으로 전 식민지인에 대한 '국민교육'의 장이라는 성격을 띠고 있었다.

일제는 조선인을 충량한 '국민'으로 만들고자 조선의 독자적인 역사와 정신을 말살하고 국체관념과 일본정신을 주입하고자 했다. 조선의 역사는 일본사의 발전과정에서 그 의미를 부여할 수 있는 '지방사'로 전락했고, 또 일본과의 '합방'으로 내선일체를 이룰 때까지 '내선일체의 유래'가 유구함을 보여 주는 것으로 자리매김되었다. 일본국가와 천황제의 절대화로 천황은 신적 존재로까지 미화된 반면, 조선인과 조선의 역사는 철저하게 부정되고 복종을 강요받았다. 그리고 그 도달점은 전쟁에서의 죽음이었고, 그 죽음은 '산화(散花)', '옥쇄(玉碎)' 등 그럴듯한 용어로 미화되었다.

과연 요새의 구조는 견고하고, 적병의 수비는 움직이지 않고, 좀처럼 함락되지 않습니다. 우리 충용(忠勇)한 장병의 육탄(肉彈)은 차례차례로 적의 견루(堅壘)를 피로 물들이며 꽃처럼 흩어졌습니다. 제3회의 총공격을 맞아 악전고투를 계속하던 9일째, 12월 5일, 드디어 요해(要害) 203고지의 포대 높이, 일장기가 펼쳐졌습니다(『初等國史 第六學年』, 1944).

마킹·다라와 두 섬의 우리 수비부대는 5만의 대적을 맞아 분전하고, 전원 4,500은 다 함께 모두 옥쇄했습니다. …… 2월 초, 마셜제도의 우리 육해군 수비부대 6,500은 대적을 맞아 싸우기 7일, 분하게도 연락이 끊어져 힘을 다하여 퀘제린·루옷토 두 섬에, 애국의 뜨거운 피를 쏟으며 옥쇄했습니다(『初等國史 第六學年』, 1944).

이처럼 일제는 초등학생들의 교과서에서도 전쟁을 자세하고 생생하게 묘사하여 전의를 불러일으켰다. 특히 천황과 황국을 위해 죽어 가는 수많은 젊은이의 죽음을 깨끗이 흩어지는 '사쿠라'와 아름답게 부서지는 '옥'으로 묘사하면서 어린 학생들에게 죽음의 대열에 나서기를 강요했다.

보통학교 졸업생, 어디로 가야 하나

일제 말기에는 황민화 교육이 강화되는 와중에도 보통학교 입학경쟁 현상이 나타났다. 1938년 이후 조선인 초등학교 취학자는 1년에 16만~20만 명씩 증가했다. 보통학교 취학률은 남녀를 평균하여 47.7퍼센트 수준이었다. 학령 아동의 거의 절반이 초등학교에 입학한 셈이다. 남녀를 구별해서 보면 1942년의 경우 남자 취학률이 66.1퍼센트, 여자 취학률이 29.1퍼센트나 되었다.

총독부는 조선인의 요구를 부분적으로 수용해서 초등교육기관인 보통학교의 증설은 용인했다. 반면 중등학교 이상의 교육 기회는 제한했다. 애초 총독부의 식민교육정책 구도에서 보통학교교육은 종결 교육이었다. 그러나 1930년대 들어 중등학교 입학경쟁은 시간이 갈수록 격화되었고 이에 따라 보통학교교육도 중등학교 진학을 위한 준비교육의 장으로 변했다. 이미 1930년대 초부터 중학 입학시험 '지옥'이라는 말이 공공연하게 통용되었다.

현재의 중학 시험제도 지옥을 철폐하여 초등학교에서 수업 연한 중의 평소 학업 성적표를 첨부시키고 학교 당국은 그 성적표를 참조하여 입학시키는 것이 좋다(「상급학교 입학시험에 대한 희망」, 『조선의 교육연구』, 1931년 3월호).

입시 입학자 선발은 국어·산술 시험, 체격 검사, 구두시험 성적에 최근 학년 간의 학업 성적, 인물, 신체 등에 관해 초등학교장이 작성한 소견표를 가장 유력하게 참조한다. 이렇게 함으로써 입학시험 전 과도하게 행해지는 시험 준비에서 발생하는 폐해를 가능한 한 경감한다(「상급학교 입학시험에 대한 희망」, 『조선의 교육연구』, 1931년 3월호).

앞의 인용문은 당시 중학 입학시험제도 개선에 관한 각계의 여론조사 결과이다. 첫째 주장은 한 학부형의 발언으로서 이른바 내신전형에 의한 선발제도를 대안으로 제시하고 있다. 둘째 주장은 대구여자고등보통학교 교장의 말이다. 그는 필답고사를 유지하면서 입학시험 준비의 폐해를 경감하는 방안으로 보통학교장 소견표를 유력하게 참조할 것을 제안하고 있다.

보통학교 취학률의 증가와 중등학교 입시경쟁의 과열화는 어떤 배경에서 나타났을까. 배움의 열망보다는 사회적 지위 향상이라는 현실적 욕구가 더 중심이 되면서 나타난 현상이라고 할 수 있다. 교육은 식민지배라는 억압구조 속에서 조선인이 사회이동, 신분상승을 꾀할 수 있는 유일한 탈출구로 인식되었다. 그러나 현실은 이런 기대를 충족시킬 수 없었다. 극히 일부만이 고등문관시험에 합격해서 고급관료로 출세하거나 은행원, 교사 등이 되었다.

1930년대에 보통학교 졸업생 중 일부는 상급학교에 진학했다. 그러나 대부분의 졸업생은 고향인 농촌으로 돌아갔다. 그곳에서 이들은 농사일을 돌보거나 잠재적인 실업인구가 되었다. 중등 이상의 교육기관으로 진학해도 다수는 학비 문제 등으로 중퇴하는 경우도 흔했다. 예컨대 1928년 당시 보통학교 남학생 취학률은 30퍼센트 미만이었는데, 그들조차 졸업 후 '가사 종사자'로 유입되거나 상급학교에 진학한 뒤 중퇴했으며, 졸업자의 10.6퍼센트만이 중·고등학교 학생으로 학업을 지속하거나 취업할 수 있었다. 그러므로 이 범주의 사람들만이 근대적 부문으로의 사회이동에 성공했다고 할 수 있다. 요컨대 1930년대의 사회·경제적인 하층집단이 보통학교교육을 통하여 상향적인 사회이동을 실현하기란 결코 용이하지 않았다.

이런 사정은 여학생의 경우 더욱 심했다. 1928년의 경우 보통학교 여자 취학률은 5.8퍼센트에 불과했다. 보통학교 졸업 후 취업이나 고등교육 입학에 성공한 사람의 비율도 입학자의 3.9퍼센트에 불과했다. 보통학교에 입학한 여학생 자체가 조선인 상층집단 출신이 많았던 것은 사실이다. 따라서 취학 동기도 사회이동의 기회를 포착하기보다는 초보적인 문화적 교양 습득에 있었을 것으로 보인다. 중등학교 진학자도 취업에 성공할 가능성이 거의 없었다. 이렇게 본다면 당시 여자에게 학교교육의 사회이동 효과는 거의 없었다고 할 수 있다.

4. 반공주의·국가주의 교육

멀고 험난한 '새교육'의 길

해방이 되자 그동안 억압되었던 우리말과 글을 익히려는 노력이 들불처럼 일어났다. 각종 한글 강습소가 생기고 담당교사를 양성하기 위한 움직임이 활발했다. 한글을 배울 수 있는 교본도 날개 돋친 듯 팔려 나갔다. 특히 최현배의 『우리말본』은 38선 이북에서 인기가 높았다. 이 책한 짐을 주면 북한산 명태 한 달구지를 살 수 있었다. 한편 일본인이 물러간 빈자리는 주로 근대적 학교교육을 받은 인재들로 채워졌다. 이런 상황은 학력이 이른바 '출세'의 결정적인 도구라는 점을 사람들에게 뚜렷이 인식시켰다. 해방 직후의 생활고에도 불구하고 미군정기 3년간 국민학생은 136만여 명에서 242만여 명으로, 중학생은 8만 명

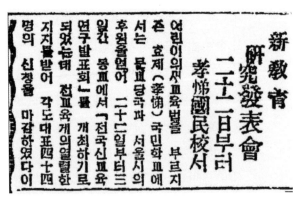

그림 6-4 · 새교육운동 기사

에서 27만여 명으로, 대학생은 7,000여 명에서 1947년에 1만여 명으로 늘어났다.

이 시기 교육정책의 큰 방향은 일제강점기의 군국주의교육에서 탈피하고 새로운 민주시민을 양성하는 데 있었다. 1945년 11월 15일 조선교육심의회가 미군정의 교육자문기관으로 조직되었다. 이 기구는 미군정기 교육정책의 기본 틀을 만드는 데 핵심적인 역할을 담당했다. 첫째, 홍익인간이라는 건국이념을 교육이념으로 채택하고, 둘째, 오늘날의 '6-3-3-4'와 사실상 동일한 '6-6-4'제 중심의 새로운 학제를 수립했다. 셋째, 의무교육제 실시를 추진했다. 1946년 7월에는 '국립종합대학교설립안'이 발표되어 대학생들의 동맹휴학 등 사회적 파장을 불러일으킨 바 있는데, 이 설립안도 새로운 학제의 수립과 밀접하게 관련되어 있었다.

한편 일제의 잔재를 청산하고 통일된 민주국가를 수립하려는 사회적 노력의 하나로 '새교육운동'이라는 개혁운동이 일어났다. 교육 방면에서 일제의 군국주의 교육에서 벗어나 민주주의의 원리에 입각한 교육을 추구하려는 움직임이었다. 이 운동은 학무국 차장 오천석이 주도하고 도시지역 교사 및 교육계 인사들이 호응했다. 억압적이고 차별적인 일제식 교육과 지식 중심의 획일주의적 교육에 반발하고 '생활 중심', '아동 중심' 교육을 표방했다. 새교육운동의 이론적 기반은 존 듀이(J. Dewey)의 교육사상이었다. 오천석은 1946년 11월 듀이의 교육사상을 선전하는 『민주주의교육의 건설』을 펴내어 새교육론의 이해와 보급에 앞장섰다. 새교육론은 문교 당국이 주도한 각종 교육강습회나 민간의 교육계 인사들이 조직한 교육연구회 등을 통해 활발히 연구·보급되었다.

새교육운동은 대한민국 정부 수립 이후에도 계속 전개되어 그 열기는

1950년대까지 이어졌으나 1950년대 말부터 차츰 약화되었다. 이에 따라 새교육운동의 지향은 학습지도 및 교육과정 운영에 충분히 반영되지 못하고 침체되었다. 새교육운동가들은 초등교육을 중심으로 교사와 학생이 서로 평등한 관계 속에서 진행하는 상호학습식 수업을 도입하고자 했으나 그것은 시범수업에서나 활용되었을 뿐 실제 현장에는 정착되지 못했다. 해방 이후에도 교육현장에서는 기존의 주입식 강의와 권위주의적 교육관행이 주조를 이루었기 때문이다. 또한 당시 새교육운동이 '충량한 황국신민의 양성'을 추구했던 일제 말기의 교육을 통렬히 비판했음에도 불구하고 학교의 일상적인 운영방식은 식민지 시기의 그것에서 크게 벗어나지 않았다. 예컨대 조회와 같은 학교규율, 개성조사부 작성, 각종 검사, 학급 운영구조, 주훈, 간호당번 등은 여전히 계속되었다.

학도호국단과 '우리의 맹세'

정부 수립 이듬해인 1949년의 신교육법에서는 반공주의, 국가주의가 크게 강조되었다. 당시 국회에서는 반 이승만 세력이 우위를 차지했다. 이에 이승만은 정당정치보다는 국가기구와 관제적 민중 동원에 의존하여 강력한 1인 집권체제의 구축을 획책했다. 초대 문교부 장관이었던 안호상은 이에 부응하여 문교행정의 중점을 일민주의(一民主義) 사상의 보급에 두었다. 일민주의는 '국민 사상을 귀일(歸一)'시키자는 것으로, 이는 곧 이승만의 생각이기도 했다. 『일민주의 개술』(1949)을 통해 이승만은 "하나가 미처 되지 못한 바 있으면 하나를 만들어야 하고, 하나를 만드는 데에 장애가 있으면 이를 제거하여야 한다"고 주장했다. 또 그보다 앞서 1949년 연두 기자회견에서는 "진정한 민주주의는 일민주의 철

그림 6-5 · 학도호국단의 시가행진

저로부터 시작하는 것"이라고 선언했다. 이후 일민주의 방계 조직이 만들어져 전국적 조직으로 '일민주의보급회'가 조직되었다. 국회에는 일민주의 구락부까지 생겨났다.

안호상은 일민주의의 실현을 위한 학생조직으로 학도호국단을 창설했다. 학도호국단은 1949년 1월부터 수개월간에 걸쳐 각 학교 단위와 시·군·도별 단위로 조직되었다. 교장이 단장을 맡고 학생이 학도부장이나 대대장을 맡는 군대적 편제로 구성되었다. 학도호국단의 총재는 대통령, 부총재는 국무총리, 중앙단장은 문교부 장관이 맡았다. 간부는 대부분 미군정기에 반공 우익 학생조직의 간부였던 사람들로 채워졌다. 이런 구성에도 불구하고 외부의 경제적 지원은 없이 학생들로부터 징수한 학도호국단비가 주요 재원이 되었다.

학도호국단의 일선 조직체제는 군대식 편제였고 사용되는 용어도 군대식이었다. 학도호국단은 창설 직후부터 "우리를 보호할 무기를 달라", "북에 자유선거로 통일을"이라고 외치는 등 반공시위를 노골적으로 전개했으며, 얼마 후 좌익교사 색출작업에 나서기도 했다. 또 멸공의식의 앙양과 '이북총진군'의 목적을 달성한다는 명분으로 전 학도에게 매일같이 시가행진과 도보훈련을 시켰다. 나아가 모든 중·고등학생과 대학생을 대상으로 군사훈련과 반공교육을 실시하였으며, 학생들의 비판적 활동을 봉쇄하고 관제데모 등으로 학생을 정치도구로 이용했다. 이에 따라 각급 학교는 흡사 군대의 병영처럼 변했다. 학교에서는 반공웅변대회, 반공 포스터·표어전시회, 반공글짓기대회, 반공토론회, 시국강연회 등 반공행사가 끊임없이 반복되었고, 특히 반공주간에는 집중적으로 실시되었다. 아침 조회시간에는 다음과 같은 '우리의 맹세'를 합창했다. '우리의 맹세'는 교과서는 물론 각종 서적 뒤에 빠짐없이 인쇄되었고 학생들은 모두 이 맹세를 달달 외워야 했다.

> 우리는 대한민국의 아들딸 죽음으로써 나라를 지키자
> 우리는 강철같이 단결하여 공산침략자를 쳐부수자
> 우리는 백두산 영봉에 태극기 날리고 남북통일을 완수하자

학도호국단은 이미 1948년 10월에 구성된 대한청년단과 1949년 8월에 재편성된 국민회와 함께 이승만 정권의 삼위일체적 통치기구를 이루었다. 18세 이상의 대한민국 남녀는 모두 국민회에 가입해야 했다. 이와 동시에 성년여성은 대한부녀회, 청년은 대한청년단, 학생은 학도호국단에 가입해야만 했다. 학도호국단과 대한청년단, 국민회에서는 현직 대통령이던 이승만이 총재나 명예총재가 되었다. 그러나 어느 기구도 법률적인 근거가 없었다는 점에서 그것들은 기이하고 파행적인 자취를 남겼다.

참고문헌

김경미, 「'황민화' 교육정책과 학교교육: 1940년대 초등교육 '국사'교과를 중심으로」, 방기중 편, 『일제 파시즘 지배정책과 민중생활』, 혜안, 2004.

_____, 「보통학교제도의 확립과 학교 훈육의 형성」, 연세대학교 국학연구원 편, 『일제의 식민지배와 일상생활』, 혜안, 2004.

김경일, 「Ⅶ. 학교에 가다」, 『여성의 근대, 근대의 여성』, 푸른역사, 2004.

_____, 「Ⅷ. 학교제도를 비판하다」, 『여성의 근대, 근대의 여성』, 푸른역사, 2004.

김소희 외, 『근대와 교육 사이의 파열음: 그것을 보는 시선들』, 아이필드, 2004.

김진균·정근식·강이수, 「보통학교체제와 학교 규율」, 김진균·정근식 편, 『근대주체와 식민지 규율권력』, 문화과학사, 1997.

서중석, 『사진과 그림으로 보는 한국 현대사』, 웅진지식하우스, 2005.

연정은, 「감시에서 동원으로, 동원에서 규율로: 1950년대 학도호국단을 중심으로」, 김득중 외, 『죽엄으로써 나라를 지키자: 1950년대, 반공·동원·감시의 시대』, 선인, 2007.

오성철, 『식민지 초등교육의 형성』, 교육과학사, 2000.

_____, 「조회의 내력: 학교규율과 내셔널리즘」, 윤해동 외, 『근대를 다시 읽는다1』, 역사비평사, 2006.

이기훈, 「일제하 농촌보통학교의 '졸업생 지도'」, 『역사문제연구』, 제4호, 2000.

이승원, 『학교의 탄생』, 휴머니스트, 2005.

전우용·노영구, 「서장」, 서울대학교 60년사 편찬위원회, 『서울대학교 60년사』, 서울대학교출판부, 2006.

한국역사연구회 지음, 『우리는 지난 100년 동안 어떻게 살았을까: 삶과 문화 이야기』, 역사비평사, 1999(1998).

홍일표, 「주체형성의 장의 변화: 가족에서 학교로」, 『근대주체와 식민지 규율권력』, 문화과학사, 1997.

새로운 문화와 여가

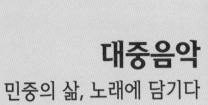

7장

대중음악

민중의 삶, 노래에 담기다

이
기
훈

1. 노래의 전통, 노래의 근대

전통적인 우리 노래

유교에서 음악은 인격 수양과 사회 통합을 위한 도구였다. 소리[聲]를 꾸민 것이 음(音)이며, 음이 천리와 부합할 때 악(樂)이 되니, 이 악이야말로 실로 군자의 즐거움[樂]이라는 것이었다. 예(禮)와 악(樂)은 항상 유교적 교화의 기본적인 줄거리를 이루게 된다. 이런 생각을 가장 잘 보여주는 것이 아악(雅樂)이다. 지금 전해지는 종묘제례악에서 알 수 있듯이, 아악은 감정의 절제와 마음의 수양을 중시하므로 슬픔이나 기쁨과 같은 격렬한 감정의 변화를 배격한다. 그러다 보니 아악은 음역이 제한되어 있고 리듬 또한 지극히 느리게 진행된다. 변화도 거의 느낄 수 없이 진행되다 언제 끝났는지도 모르게 끝난다(실제로 아악에는 시작과 끝, 각 장의 구분을 알려 주는 악기들이 따로 있다). 수양이 될지는 모르되, 실제 사람들이 편하게 듣고 즐기는 음악이 되기는 어려웠다.

아악은 궁중에서 연주되는 음악이었으니 사실 사대부조차도 일상 즐기는 음악은 아니었다. 우리 옛사람들이 즐기던 노래들을 대충 알아보자. 우선 정가(正歌)라고 해서 상류사회에서 즐기던 노래들로 가곡(歌曲), 가사(歌詞), 시조창이 있다. 시조창은 우리가 잘 아는 시조를 반주 없이, 또는 장구 반주에만 맞추어서 노래하는 것이다. "청~~산~~리~~~벽~~~계~~~수~~~야~~~"식으로 길게 뽑아 부르는 시조창은 다 한 번씩은 들어 보았을 것이다. 역시 시조를 노랫말로 삼지만 피리, 가야금, 거문고, 해금 따위의 관현악 반주에 맞추어 부르는 것이 가곡이다. 가곡은 원래 시조의 초장, 중장, 종장의 사이나 앞에 전주나 간주를 넣어 5장으로 만들어 노래한다. 이 가곡을 정가 중에서도 제일 격조 높은 것으로 친다. 가사는 어부사(漁父詞)니 상사별곡(相思別曲)이니 하는 긴 사설을 일정한 음률에 맞추어 노래로 부르는 것으로, 가곡보다는 품격이 좀 떨어지는 것으로 여겼다.

이런 노래들은 주로 사대부들이나 경제적으로 여유가 있는 중인들이 즐겼다. 특히 18~19세기에는 중인으로서 가곡 창작으로 이름을 떨친 사람도 많이 나타났으니, 국어 교과서에 나왔던 김천택이니 김수장이니 하는 사람들이 바로 그들이다.

그런데 이런 고급 노래들 외에 민중이 즐기는 음악이 있었다. 슬픔과 기쁨, 사랑과 분노 등 진솔한 삶의 감정을 표현하는 노래들이 있었으니, 당시에 흔히 민요나 잡가라고 칭하던 노래들이다. 이 중에서 일하면서 부르는 노동요와 같은 민요들은 그야말로 민중 사이에서 전해져 오기도 했지만, 기생이나 광대 등 공연을 직업으로 하는 사람들이 다양한 방식의 노래들을 불렀다. 이런 잡가들은 지역에 따라 노래의 풍이 달라졌으므로 서도소리, 경기소리 등으로 구분하기도 한다.

한편 우리가 전통음악 하면 바로 떠올리는 판소리는 18세기 초에 발생하여 18세기 중엽에 대체적인 형태가 완성되었다. 19세기가 되면 우춘대, 권삼득 등 명창이라고 하는 이름난 소리꾼들이 나타나 장안을 주름잡기 시작하였다. 민중이 즐기는 음악에서 출발하기는 했지만, 19세기 판소리의 전성기에 주된 관객은 양반층이었다. 이것은 앞서 잠깐 살펴본 것처럼 전근대 공연예술의 일반적인 특징이기도 하다. 19세기가 되면 판소리는 궁중에서도 즐기는 음악의 주류가 된다. 흥선대원군, 고종과 명성황후는 궁내에서 명창들을 불러 노래 듣는 것을 즐겼다고 하며 벼슬을 받은 사람들도 적지 않을 정도였다. 판소리는 고종 대의 명인 신재효에 이르러 체계화되었다.

이렇게 우리의 전통음악을 나열했으니 이제는 그것과 구별되는 서구의 근대음악이 도입되는 과정을 설명해야 할 차례이다. 판소리가 우리의 전통음악인 것은 분명하다. 그렇다고 해서 판소리가 반드시 비근대적이어야 할 이유는 없다. 근대가 시작되었다고 해서 전통음악들이 소멸할 필연성은 없는 것이다. 사람들에게 사랑받는 한 전통음악도 근대화된 세계 속에서 자기 자리를 차지하며, 오히려 외래의 근대음악과 영향을 주고받는 것이 당연하였다.

서구식 근대음악의 확산 – '창가'의 등장

근대 초기 전통음악과 다른 방식의 노래를 지칭하여 '창가(唱歌)'라고 한다. 개항 이후 서양음악이 전래되면서 전통적인 음악과 전혀 다른 새로운 노래가 등장하였고, 이런 서양식 노래들을 창가라고 불렀다. 처음 서양식 창가를 대했을 때 사람들의 느낌은 어땠을까? 사람들이 듣고 불렀던 최초의 창가는 교회의 찬송가였다. 1880년대 중반부터 교회에서 본격적으로 찬송가가 불리기 시작했지만, 사실 처음 찬송가를 접했던 교인들은 음악이라기보다는 종교적 의식의 일부로 받아들였다. 한 세기가 지난 1990년대에 처음 우리나라에 도입된 랩(rap)을 처음 들었던 기성세대 대부분이 이 중얼중얼하는 소리가 음악이라는 사실을 받아들이기 힘들었던 것과 마찬가지로 창가는 매우 낯선 것이었다. 그러나 근대적인 학교교육이 확산되면서 서양식 음악도 빨리 퍼져 나갔다. 학교에서는 '창가'를 정규과목으로 가르쳤고, 국가에 충성을 다짐하는 애국가나 학교를 대표하는 교가를 만들어 부르게 했다. 창가는 단순히 서양의 음악문화를 가르치는 것이 아니었다. '창가'의 교육은 악보에 표기된 정확한 리듬과 멜로디를 익히게 하는 것이고, 이것은 공동활동의 규율을 위해 필수적이었다. 근대 학교의 규율은 집합과 정렬, 행진 등 단체행동에서 일치를 요구했고, 창가의 교육은 근대 규율의 리듬감을 체득하게 하는 가장 효과적인 수단이었다. 교회음악, 학교의 창가 교육 등을 통해 서양음악의 리듬과 멜로디에 익숙한 세대들이 등장하기 시작했다

전통음악과 대중가요

그러나 1920년대까지도 대중의 사랑을 받았던 것은 판소리, 민요, 잡가 등 우리의 대중이 즐기던 전래의 속요들이었다. 당시 조선에서 판매되는 유성기 음반은 거의 전부 판소리나 민요, 잡가였다. 당시까지 직업적 음악가들이란 여성의 경우에는 주로 기생이었고, 남성의 경우에는 사당패나 광대 등을 계승한 사람들이었으니 어쩌면 당연한 일이기도 했다.

1930년대 들어서 일본이나 서양 근대음악의 영향을 받은 새로운 유행가들이 인기를 끌게 되었지만, 판소리와 잡가는 여전히 음반시장에서 상당히 큰 비중을 차지하고 있었다. 판소리의 명창들은 음반을 냄으로써 이전과 달리 전국적인 명성을 얻어 더 큰 인기를 누리기도 했다. 1930년대에 트로트가 등장하면서 분명히 대중의 선호가 전통적인 노래들을 떠나고 있기는 했지만, 여전히 분명한 한 흐름으로 존재하였고, 이것이 신민요와 같은 노래들로 나타났다.

또 새로운 유행가를 부르는 가수들도 다수가 전통음악으로 훈련된 사람들이었다. 서로 영향을 주고받지 않을 수 없었을 것이다. 흔히 '트로트(trot)'라고 하는 새로운 유행가도 전통음악과의 교류 없이 성립하였다고 볼 수는 없다.

2. 기계가 노래하다: 유성기와 음반

유성기(留聲機), 축음기(蓄音機)란 음반에 녹음한 음을 재생하는 장치이다. 미리 홈을 새겨 놓은 판을 회전시켜 그때 일어나는 진동을 증폭하여 소리로 만들어 스피커를 통해 재생하는 것이다. 유성기는 1877년 발명왕으로 유명한 토머스 에디슨(Thomas Alva Edison)이 발명하였다.

서양에서 유성기가 사람들에게 음악을 들려주는 용도로 대중화된 것은 1890년대 들어서였다. 그런데 이 신기한 기계는 얼마 지나지 않아 우리나라에 도입되었다. 대한제국에서 1899년 최초로 유성기 시청회가 열려 노래와 피리, 생황, 거문고 소리를 재생하여 들려주었다. 그리고

그림 7-1 · 초기의 유성기 광고(『만세보』, 1907년 3월 19일 자)

1907년 최초의 음반 녹음이 이루어졌으니, 미국의 콜롬비아레코드사가 악공 한인오와 관기 최홍매 외 여러 사람을 일본 오사카로 초빙하여 음반을 만들었다.

유성기가 들어와 음악을 재생하기 시작했다는 사실은 단순히 새로운 기계가 들어온 데 그치지 않았다. 이제 대규모의 대중예술을 생산하고 소비하는 근대적 사회관계가 우리 역사에 도입되었기 때문이다. 전통사회에서 연주자는 특별한 청중 앞에서 그가 선호하는 노래나 악곡을 연주했다. 그리고 이때 청중은 연주자보다 훨씬 높은 신분과 지위에 있었다. 기생이나 광대가 양반들 앞에서 공연하던 것을 떠올려 보면 될 것이다. 그런데 음반을 녹음할 때 연주자는 불특정 대중을 청중으로 삼아 연주하게 된다. 이전처럼 연주자가 사적으로 청중에게 종속되는 일은 없다. 반대로 음악을 생산하고 판매하는 자본이 연주자들을 조직하고 통제하게 되었다. 그러나 자본시장의 논리에 따라야 했다. 음반을 구매할 대중의 취향에 민감하게 반응하지 않을 수 없었던 것이다. 그러므로 1920년대까지 식민지 조선의 유성기 음반에서는 판소리, 잡가 등 전통가요가 차지하는 비중이 절대적이었다.

그림 7-2 • 일제강점기의 레코드 상가

한편 1929년 전기식 녹음을 통한 음반이 발매되면서 음질이 획기적으로 개선되었고, 1930년대 유성기 보급이 급속도로 확대되었다. "레코드의 홍수이다. 레코드 예술가의 황금시대이다. 레코드 외에는 오락을 갖지 못한 중산가정에서 찾는 것이 레코드뿐이다(「六大會社 레코드戰」, 『삼천리』, 1933년 5월호)"라고 할 지경이었다. 식민지 조선에도 유성기 음악의 전성기가 도래하였다. 콜롬비아·빅타·포리돌·오케·태평·시에론 등 각 레코드사가 다투어 음반을 내놓았다. 이 시기 음반 판매량은 자료마다 조금씩 달랐는데, 가장 적게 잡은 경우에도 1930년대 중반 이미 국내에서 판매되는 음반 수가 150만 장이 넘었고 그중 3분의 1인 40~50만 장은 조선인이 만들고 부른 것이었다(이것은 김동환이 총독부 자료로 파악한 것이다. 비슷한 시기에 『매일신보』 기사에서는 600~700만 장이 팔린 것으로 파악하고 있다. 『매일신보』 기사는 음반회사들이 내세운 판매량이니 상당히 과장되었을 것이고, 총독부 자료는 세금 등의 문제로 실제보다 축소되었을 가능성이 높다). 조선의 레코드사들은 일본 본사의 지점이나 영업소였다. 녹음과 제작은 대부분 일본에서 하였고, 1940년 이후에야 서울에서 녹음과 프레스 가공 등 일반적인 제작시설이 모두 갖추어졌다.

축음기의 판매를 중심으로 레코드의 범주도 다양해졌다. 곧 판소리·민요·가곡·동요·극영화해설집·드라마·만담·경음악(주로 미국의 재즈·팝

송·찬송가)과 서양 고전음악 등으로 다양해진 것이다. 그리하여 유성기는 음악이 필요한 가정에 "혼자 몸으로 못하는 것이 없는 안성맞춤의 음악 가"로 소개되었다(홍난파, 「가정(家庭)과 음악(音樂)」, 『여성』, 1937년 1월호). 유성기의 음악을 통해 "한 가정의 화락한 분위기를 만들며 자녀로 하여금 부모의 사랑을 깊이 느끼게" 할 수 있다는 것이었다. "길거리나 점두에서 소란스럽게 울려 나오는 레코드의 부르짖는 소리는 '내 소리판 한 장 사주시오' 하는 애원성이 아니고 무엇이냐"(홍난파, 「악실우감산초(樂室偶感散抄)」, 『조광』, 1935년 12월호). 홍난파가 이렇게 혐오했던 레코드의 부르짖는 소리란 대중이 즐기던 음악이었다.

3. 식민지의 노래들: 트로트와 신민요, 재즈

창가, 유행가, 대중가요

이제 당시의 대중이 즐겼던 음악을 구체적으로 살펴보자. 보통 우리가 대중가요라고 하면 '근대 이후 대중매체에 의해 전달되면서 그 나름의 작품적 관행을 지닌 서민들의 노래'를 의미한다. 일부에서는 우리 대중가요의 기원을 이 시기의 유행창가에서 찾기도 한다. 그런데 창가란 말은 서양식의 노래를 모두 지칭하는 말이었고, 유행창가 또한 요즘 불리는 서양식 노래라는 의미로 사용되었으니 그렇게 보기는 어렵다.

우리 근대 대중가요의 형성에 대해서는 일본 음악의 영향에서 비롯되었다고 보는 '이식론'과 잡가와 같은 전통적인 노래들이 대중가요의 속

그림 7-3 · 「사의 찬미」를 부른 윤심덕

성을 강하게 지니고 있었다고 보는 '자생론'이 대립하고 있는데 쉽게 결론을 내리기는 어렵다. 하지만 대중음악 또는 대중가요의 기원이 꼭 하나여야 하는 것은 아닐 것이다. 전통적인 노래 부르기와 새로운 음악 구현의 방식(유성기, 서구나 일본에서 들어온 창법과 음악형식) 등이 공존하며 영향을 주고받았던 것은 아닐까?

판소리나 잡가와 같은 전통적인 소리가 아닌 새로운 노래가 대중적인 인기를 끌기 시작한 것은 윤심덕의 「사의 찬미」가 처음이었다. 윤심덕은 일본 음악학교에서 근대적인 성악교육을 받았던 최초의 여성 성악가로 자못 이름이 높았다. 사실 이바노비치의 「도나우강의 잔물결」이라는 곡에 우리말 가사만 붙인 「사의 찬미」를 대중가요라고 할 수는 없다. 그러나 윤심덕이 이 음반 녹음을 마치고 돌아오는 중에 애인 김우진과 함께 현해탄에 몸을 던져 목숨을 끊은 후 이 음반은 자못 대중의 관심을 끌었다. 윤심덕이 죽은 후 곧 우리나라 최초의 창작 대중가요인 「낙화유수」가 만들어졌다. 그리고 곧 우리가 아는 '트로트'가 등장하였다.

새로운 음악, 트로트의 등장

요즘에도 가장 흔히 들을 수 있는 음악이 '트로트'이다. 저속하다는 비난도 많이 받았고 일본풍이라는 비판도 많았지만, 20세기 들어 우리나라 사람들에게 가장 사랑받았던 노래 형식이 바로 트로트라는 사실은 분명하다. 속칭 '뽕짝'이라고도 하고, '전통가요'라고도 하지만, 트로트를 한마디로 정의하기는 어렵다. 우리가 생각하는 가장 전형적인 트로트 양식은 가수 송대관의 노래 「네 박자」에 잘 나타난다. "쿵작 쿵작 쿵자작 쿵작 네 박자 속에~." 일반적인 기준에 따르면 트로트란 대체로 '레'와 '솔'이 없는 5음계(일본의 요나누키 음계)를 사용하여 '쿵' 하는 낮은 음과 '짝' 하는 높은 음이 교차하면서 진행하는 4박자의 노래이다('뽕짝'이라는 말도 여기서 나왔다).

하지만 최근 워낙 다양한 변형이 쏟아져 나오면서, 어떤 연구자는 1980~1990년대에 이미 트로트 양식이 와해되었다고 주장하기도 한다. '신세대 트로트 가수'들은 물론이거니와 송대관, 태진아 같은 꽤 경력이 쌓인 트로트 가수들이 부른 제법 오랜 노래들조차 전형적인 트로트와 많이 다르기 때문이다(「옥경이」와 「눈물 젖은 두만강」을 비교해 보자).

이 '트로트'는 일제강점기인 1930년대에 등장했다. 또 트로트가 일본 '엔카(演歌)'의 영향을 크게 받았다는 것도 널리 알려진 사실이다. 그런데 실제로 1930년대에는 이런 노래들을 엔카나 트로트라고 부르지 않았다. 원래 '엔카'라는 말 자체는 엔제쓰카(演說歌)를 줄인 말이다. 일본 메이지 시기 정부에 반대하는 자유민권운동이 한창일 때 집회에서 정치적인 연설 대신 부르던 노래였다. 이 노래들은 지금 엔카와 전혀 다른 곡조를 가지고 있다. 일본에서 우리가 알고 있는 트로트와 유사한 풍의 노래들을 '엔카'라고 부르기 시작한 것은 1960년대부터이다. 일본에서 미국 팝음악의 영향을 받은 새로운 형태의 음악이 번성하면서, 그 이전의 음악 형태를 모두 포괄하여 엔카라는 장르로 부르기 시작했다고 한다.

우리 사료에서도 트로트라는 단어가 대중음악의 장르나 곡조를 의미하는 말로 쓰이는 것은 1960년대 후반부터이다. 그 이전에는 굳이 '트로트'라는 장르를 의식하고 곡을 만들거나 부르지는 않았던 것 같다. 본격적인 대중음악이 등장한 일제 시기를 살펴보자. 1910년대까지 교회의 찬송가, 학교에서 배운 애국가나 교가, 응원가 등을 통해 새로운 창가들이 불려지기는 하지만, 오늘날의 대중가요처럼 사람들의 정서에 호소하여 인기를 끄는 노래들은 전통적인 민요나 잡가였다. 1920년대 교회 찬송가나 학교의 창가가 아니면서 근대음악의 악기와 기법을 사용하여 대중들이 듣기 쉽고 따라 부르기 쉽게 만든 새로운 가요들이 등장하는데, 이 노래들을 당시에는 다 '유행가'라고 했다.

이 '유행가'들은 당시 일본 대중가요의 영향을 크게 받았다. 이미 1920년대부터 일본의 인기 있는 유행가를 번안한 노래들이 조금씩 나오기 시작했고 「나니와부시(浪花節)」나 「오륙고부시(鴨綠江節)」 같은 노래들이 그대로 유통되기도 했다. 1931년에는 채규엽이 일본 가수 고가 마사오의 「술이란 눈물이냐 한숨이냐」를 번안하여 취입한 것이 큰 인기를 끌었다. 자연스럽게 비슷한 곡조와 리듬의 노래를 만들어 불렀는데 대중들의 인기를 끌면서 정착하게 된 것이다. 정리하자면 이 당시에는 '엔카' 혹은 '트로트'라는 장르의 이름은 없었다. 그러나 요나누키 음계를 비롯한 이 무렵의 일본 대중음악의 영향을 많이 받아 형성된 유행가들이 조선의 대중음악계에 등장하여 주류가 되었다. 이 음악이 지금 '트로트'의 기원을 형성하고 있으니, 이런 음악을 '트로트'라고 부르고 이 시기에 탄생했다고 해도 좋을 것이다.

그러나 한국인의 음악적 전통과 감성에는 일본의 대중가요로는 충족할 수 없는 한국인의 정서가 있었다. 트로트라고 해도 일본 대중가요를 그대로 들여오는 것이 아니었다. 트로트가 일본 대중음악의 형식을 빌려왔다는 것은 부정할 수 없는 사실이다. 그러나 그것만으로 모든 트로트의 역사를 부정하고 '왜색'이라고 몰아붙이는 것은 옳지 않다. 그렇게 따지자면 근대 이후 우리의 거의 모든 학문과 문화가 어찌 왜색의 시비에서 자유로울 수 있을까? 흔히 최초의 트로트 곡으로 꼽는 노래는 1932년 이애리수가 부른 「황성의 적(跡)」(왕평 작사, 전수린 작곡, 흔히 「황성옛터」로 알려져 있다)이다. 「황성의 적」도 명백히 엔카의 음조를 따온 것이지만 우리의 전통적인 3박자를 사용하여 당대인에게 친숙하게 다가갈 수 있었다.

> 황성 옛터에 밤이 되니 월색만 고요해
> 폐허에 설운 회포를 말하여 주노나
> 아 외로운 저 나그네 홀로 잠 못 이뤄
> 구슬픈 벌레소리에 말없이 눈물지어요
>
> 성은 허물어져 빈터인데 방초만 푸르러
> 세상이 허무한 것을 말하여 주노라
> 아 가엾다 이 내 몸은 그 무엇 찾으랴
> 덧없는 꿈의 거리를 헤매어 있노라
>
> 산을 넘고 물을 건너 정처가 없이도
> 아 한없는 이 심사를 가슴속에 품고서
> 이 몸은 흘러서 가노니 옛터야 잘 있거라

원래 이애리수는 '취성좌(聚星座)'의 배우로 「황성의 적」을 무대 공연의 막간에 불러 큰 호응을 얻었다. 곧이어 빅타레코드에서 이 노래를 취입하자 엄청난 인기를 끌었다. 이어 1934년에는 「목포의 눈물」, 「연락선은 떠난다」, 「망향초 사랑」 등 트로트의 고전격인 노래들이 쏟아져 나왔다. 그리고 고복수의 「타향살이」, 남인수의 「애수의 소야곡」이 발표되면서 트로트는 최고의 전성기를 맞았다.

> 사공의 뱃노래 가물거리며
> 삼학도 파도 깊이 숨어드는 때
> 부두의 새악씨 아롱 젖은 옷자락
> 이별의 눈물이냐 목포의 설움
>
> [「목포의 눈물」(2, 3절 생략)]

「목포의 눈물」이나 「타향살이」 「애수의 소야곡」이 그렇듯이 트로트는 대부분 짙은 애조를 띠었다. 대개 임과 고향을 잃은 한없는 슬픔을 가슴 아프게 노래한다. 이런 애상과 눈물은 당시부터 비판의 대상이 되었다. 물론 식민지 민중의 노래가 슬프지 않으면 오히려 이상한 일이겠지만, 트로트 비판론자들은 당시의 노래들이 "슬퍼서 부르는 노래가 아니고 불러서 슬퍼지는 노래"이기 때문에 문제가 있다고 주장하였다. 무기력한 슬픔만이 가득하다는 것이다.

실제로 상업성에 치우쳐서 억지로 만들어 낸 눈물의 노래도 없지 않다. 1933년 9월, 이루어질 수 없는 사랑에 빠진 카페의 여급이던 봉자와 의사 노병운이 잇달아 한강에 투신자살한 사건이 있었다. 이듬해 1월 채규엽이 이들의 사랑을 그린 「봉자의 노래」와 「병운의 노래」를 불러 인기를 끌었는데, 상업적인 계산이 없다고 보기 어렵기도 하고, 또 노래의 정조 또한 "불러서 슬퍼진다"는 비난에서 자유롭지도 않다.

그러나 대중가요가 사람들을 계몽하고 꿈과 희망을 주는 역할을 못하리라는 법도 없고, 세상살이에 지친 사람들에게 주는 카타르시스의 기능도 무시할 수 없다. 식민 치하에서 진행되는 자본주의 근대화에 떠밀려 고향을 떠난 사람들이 고복수의 「타향살이」를 듣고 흘렸던 눈물의 의미를 반드시 부정적으로만 볼 필요는 없을 것이다.

트로트 외의 대중가요

대체로 일제강점기에 나온 노래들이 다 트로트라고 생각하기 쉽지만, 그렇지는 않다. 요즘 대중가요에 여러 가지 형식이 있듯이, 당시에도 다양한 노래가 있었다. 최초의 창작가요로 평가되는 「낙화유수」도 1927년에 만들어지고 1929년에 음반으로 취입되었는데, 동요풍이 강한 노래였다. 당시의 다양한 노래 형식을 하나씩 살펴보자.

신민요

전통적으로 불리던 민요를 염두에 두고 그 형식을 차용하여 만든 새로운 대중가요가 신민요이다. 처음에는 전해 오던 민요를 양악 반주에 맞추어 부르는 것이 유행했다. 이런 시도가 인기를 얻자 아예 민요의 형식에 맞추어 향토색 짙은 새로운 노래를 창작하게 되었고, 이런 노래들을 신민요라고 불렀다. 신민요에는 당연히 민요와는 달리 작사자와 작곡자, 가수가 존재한다.

오늘날 우리가 민요라고 여기고 있는 것 가운데도 실제로는 1920~1930년대에 창작된 신민요들이 있다. "노들강변 봄버들 휘늘어진 가지에다~"로 시작하는 「노들강변」 또한 당시 가장 유명한 만담가였던 신불출이 작사하고 문호월이 작곡한 노래였다. 이 노래를 원래부터 있던 민요라고 사람들이 생각하게 된 것은, 그만큼 많이 불리기도 했고 또 친숙했기 때문이다. 그러나 트로트가 계속 생명력을 가지고 변화해 나간 데 반해 신민요는 제대로 그 명맥을 이어 나가지 못하고 있다.

만요, 웃기는 노래들

만담과 같은 우스운 이야기를 노래로 만든 것이 만요(慢謠)이다. 영화 「태극기 휘날리며」의 첫 장면에 배경음악으로 사용되어 우리에게도 익숙해진 「오빠는 풍각쟁이」가 전형적인 만요에 해당한다. 1938년 박향림이 불러 인기를 끌었던 이 노래는 아직 제2차 세계대전의 여파가 강하게 미치지 않았던 경성 풍경의 일단을 보여 준다.

오빠는 풍각쟁이야 무어 오빠는 심술쟁이야 무어
난 몰라 난 몰라 내 반찬 다 뺏어 먹는 건 난 몰라
불고기 떡볶이는 혼자만 먹고
오이지 콩나물은 나한테 주고
오빠는 욕심쟁이 오빠는 심술쟁이
오빠는 깍쟁이야
오빠는 트집쟁이야 무어 오빠는 심술쟁이야 무어
난 싫어 난 싫어 내 편지 남몰래 보는 건 난 싫어
명치좌 구경 갈 땐 혼자만 가고
심부름시킬 때면 엄벙뗑 하고
오빠는 핑계쟁이 오빠는 안달쟁이
오빠는 트집쟁이야

[「오빠는 풍각쟁이야」 (3절 생략)]

만요는 당시 세태에 대한 해학과 풍자가 대부분인데, 많은 노래가 도시생활이나 도회의 새로운 풍경과 여기에 적응해야 하는 사람들의 모습을 해학의 대상으로 삼고 있다. 「서울풍경」이라면 약간 생소할지도 모르겠다. 그러나 코미디언 서영춘이 부르는 "시골영감 처음 타는 기차놀이라 차표 파는 아가씨와 승강일 하네……"라는 노래의 첫부분을 들으면 누구나 다 알 만한 이 노래의 원곡은 1936년 강홍식이 부른 「유쾌한 시골영감」이다. 1960년대에 리메이크하면서 원곡 마지막의 인력거를 타는 대목만 뺐을 뿐 그대로 불러도 역시 많은 사람에게 즐거움을 줄 수 있었다.

「오빠는 풍각쟁이」나 「유쾌한 시골영감」은 웃음의 대상에 대한 따뜻한 시선을 전제로 하고 있지만, 만요 중에도 겉멋만 든 식민지 도시문화에 대한 야멸찬 풍자의 노래도 많다. 유종섭이 부른 「뚱딴지 서울」은 외형만으로 최신 유형을 따라가려고 하는 '모던 보이'들의 세태를 다음과 같이 풍자하고 있다.

(전략)
집에선 비지밥에 꼬리치면서
나가선 양식에 게트림하고
티룸과 카페로만 순회를 하며
금붕어 새끼처럼 물만 마시네
뚱딴지 서울 꼴불견 많다
뚱딴지 뚱딴지 뚱딴지 서울

재즈송, 재즈라고 다 재즈는 아니다

맑은 하늘에 새가 울면
사랑의 노랠 부르면서
산 넘고 물을 건너
임 오길 기다리는
이태리 정원
어서 와 주세요

저녁 종소리 들려오면
세레나델 부르면서
사랑을 속삭이며
임 오길 기다리는
이태리 정원
어서 와 주세요

(「이태리의 정원」, 이하윤 작사, 에르윈 작곡, 최승희 노래, 콜롬비아, 1936)

이 노래는 「이태리의 정원」이라는 제목의 재즈송이다(재즈송이라고는 하지만 실은 유명한 탱고곡 「A Garden in Italy」에 우리말 가사를 붙인 것이다). 이 노래의 가수는 유명한 무용가 최승희였다. 원곡은 무척 빠른 춤곡이었지만, 최승희는 원곡보다 느리고 부드럽게 이 노래를 불러 큰 인기를 얻었다. 「이태리의 정원」은 탱고를 번안·편곡한 것이지만 미국 본토의 재즈도 우리말로 번안하여 취입하였다. 스윙재즈를 대표하는 배니굿맨의 「싱싱싱(sing sing sing)」도 1939년에 손목인이 음반으로 내놓았다.

그런데 1940년대까지 재즈송이라고 불린 노래들이 실제 우리가 알고 있는 재즈(jazz)는 아니었다. 재즈를 포함해서 서양 대중가요의 형식을 가진 노래는 모두 뭉뚱그려 재즈송이라고 불렀다. 그러니 진짜 재즈는 물론이고 미국의 팝송, 프랑스의 샹송이나 라틴 음악도 모두 재즈송이었다. 최초의 재즈송은 1930년에 배우 복혜숙이 일본 작곡가 시오지리 세이하치(鹽尻精八)의 노래를 번안해서 부른 「종로행진곡」이었다.

적어도 경성과 몇몇 도시에서 재즈는 퍽 유행했다. "자도 재즈, 깨도 재즈―재즈 기분의 도취는 날로 깊어 간다. …… 재즈 기분은 홍등녹주의 향기 높은 화류계에까지 흘러들어 요릿집에서 손님이 주문하는 노래의 3분의 2는 재즈 기분을 고취하는 유행창가"라고 할 정도였다(이서구, 「서울 맛·서울 정조(情調)」, 『별건곤(別乾坤)』, 1929년 9월호). 「목포의 눈물」로 유명한 이난영이 부른 「다방의 푸른 꿈」은 아주 세련된 도시 정서의 재즈곡이다. 그러나 도시의 일부 지역에 한정되어 있었던 재즈문화는 당시부터도 많은 비판을 받았다. 아직 문화의 앞길이 열리지 못한 경성의 모던보이, 모던 걸들은 다만 "레코드와 활동사진에서 보고 들은 재즈의 맛을 옮겨 가지고 본바닥 놀이는 꿈도 못 꾸고 수박 거죽 핥듯이 겉멋에 떠서 엉덩이춤이나 추고" 있다는 것이었다.

4. '딴따라'가 되다: 가수들의 이야기

스타가 되고 싶은 마음은 예나 지금이나 마찬가지이다. '끼'를 주체할 수 없었던 청춘남녀들은 70여 년 전에도 스타의 길을 찾아 경성으로 몰려들었다. 동네에서 나름으로 노래 좀 한다는 남녀들이 하루에도 서너 명씩 음반회사를 찾아 오디션을 보았다. 이 같은 풍조는 남녀가 모두 같았지만, 실제 대중가수로 발탁되는 길은 남녀가 좀 달랐다.

남자가수들은 드물게 배우와 가수를 겸업하는 경우도 있었지만 대부분 전업가수였다. 채규엽, 이규남, 윤건영처럼 일본에서 정규 성악교육을 받고 대중가수로 활동하는 경우도 있었고, 고복수처럼 선발대회를 통해 가수로 입문하는 경우도 적지 않았다(윤건영은 일본 토요음악학교 성악과 출신이면서 선발대회를 거쳤다). 남일연처럼 본인이 직접 레코드사를 찾아와 오디션을 받고 가수가 되는 경우도 있었다.

표 7-1 · 남자가수의 인기 순위

등수	1위	2위	3위	4위	5위
이름	채규엽	김용환	고복수	강홍식	최남용
표수	1,844	1,335	674	468	333

* 출처: 「레코-드 歌手 人氣投票」, 『삼천리』 7권 9호, 1935년 10월.

표 7-2 · 여자가수의 인기 순위

등수	1위	2위	3위	4위	5위
이름	왕수복	선우일선	이난영	전옥	김복희
표수	1,903	1,166	873	387	348

* 출처: 「레코-드 歌手 人氣投票」, 『삼천리』 7권 9호, 1935년 10월.

여자가수들은 남자가수들보다 더 다양한 경로로 무대에 섰다. 먼저 1930년대 초반까지 대중가요계는 배우가수들이 장악하고 있었다. 극단의 배우 중에서 노래에 소질이 있는 여배우가 공연 막간에 노래를 부르다 음반을 취입하는 경우가 많았다. 「황성의 적(황성옛터)」을 부른 이애리수가 대표적인 배우가수였다.

그림 7-4 · 왕수복(왼쪽)과 이난영(오른쪽). 왕수복은 해방 이후 북한에서 공훈배우로 맹활약하였다.

또 여가수 중에는 기생 출신으로 가수를 하거나 기생과 가수를 겸업하는 사람도 있었다. 당시의 기생들은 권번이라고 하는 기생학교에서 노래와 무용, 악기를 몇 년간씩 배웠기 때문에 별다른 훈련 없이도 바로 음반을 취입할 수 있었다. 이미 1920년대부터 판소리나 잡가, 민요 등 전통적인 가요는 기생들이 많이 불러 취입했다. 1933년 콜롬비아레코드사는 평양 기생 가운데 왕수복(王壽福)과 최명주(崔明珠)를 선발하여 대중가요를 취입하고 가수로 활동하도록 하였다. 왕수복은 1935년 실시한 가수 인기투표에서 1위를 차지하기도 했다. 왕수복 외에도 선우일선, 김복희도 기생가수였으니 당시 기생가수의 인기를 짐작할 수 있다.

워낙 지원자가 많기는 했지만 박향림과 같이 본인이 음반회사를 직접 찾아가 오디션을 거쳐 가수가 되는 경우도 종종 있었다. 가수들은 음반 취입 외에는 보통 각지의 극장에서 순회공연을 하였다. 가수들은 레코드사의 전속으로 매달 일정한 월급을 받았으며 음반을 취입할 때마다 취입료를 받았다. 취입료는 당연히 가수의 유명세에 따라 등급이 매겨져 있었는데, 1935년의 경우 1등급은 100엔, 2등급은 60엔, 3등급은 30엔이며, 마지막 4등급은 20엔이었다. 당시 최고 인기 여가수였던 왕수복은 한 달 수입이 많을 때는 700~800엔, 적을 때는 300~400엔에 이르렀다고 한다(당시 보통학교 여교원의 한 달 수입이 35~60원이었다는 점을 고려하면 상당한 액수이다).

한 달에 수백 통의 팬레터를 받기도 하고, 직접 찾아오는 경우도 허다했다고 한다. 특히 애절한 노래가 많았던 트로트의 특성상 여성 팬들 중에는 울다가 실신하는 경우도 있었다.

음반회사들은 음반 판매량에 의해 명운이 좌우되었는데, 유명가수를 얼마나 확보하느냐에 따라 판매량이 달라졌다. 따라서 레코드사들도 유명가수를 존중하지 않을 수 없었으며, 때에 따라서는 치열한 가수 쟁탈전이 벌어지기도 했다. 당시 메이저 음반회사였던 오케(제국축음기회사 경성지점)와 태평(대일본축음기주식회사 경성영업소) 사이에 벌어졌던 이난영을 둘러싼 암투가 대표적인 예이다.

5. 제국주의를 위한 찬가: 군국가요

일제강점기에 발매된 음반을 보면 노래마다 '유행가', '신민요', '재즈송', '만요' 등 노래의 종류가 표기되어 있다. 그런데 1937년 이후 새로운 명칭이 나타나기 시작했다. '애국가', '시국가', '시국가요'라고 이름

붙은 이 노래들은 일본의 전쟁 승리를 기원하고 조선인들에게 전쟁에 적극적으로 협력하고 참여할 것을 권유하는 군국가요(친일가요)이다.

군국가요는 1942년 이후 대량으로 만들어지면서 거의 모든 가수와 작사·작곡가들이 동원되었다. 사실 어떤 면에서는 일제의 검열을 피할 수 없었기 때문에 마지못해 만든 노래도 없지 않으나, 노골적으로 일제의 침략전쟁을 찬양한 노래도 적지 않다. 특히 1937년에 만들어진 「총후의 기원」 같은 곡은 전형적인 군국가요라고 할 수 있다.

이기고 돌아오라 나라를 위해
손잡고 돋아 주는 남아의 의기
내일은 동양평화 짐을 졌으니
우렁찬 나팔소리 걸음을 맞춰

(후렴) 나가라 나아가라 사적을 물리치러
아− 하늘 높이 정의에 번득이는 저 깃발
치라 나아가라 적진을 향해

천 사람 바늘 꿰어 비는 정성에
탄알을 헤쳐 가며 돌진하는 양
총후엔 남녀노소 거국일치에
가슴에 젊은 피가 끓어오른다

(「총후의 기원」, 이하윤 작사, 손목인 작곡, 박세환·정찬주 노래, 1937)

전쟁이 격화되면서 일제는 시국가요 만들기를 강요하기 시작했다. 전쟁의 와중에 일제에 헌신할 것을 노래하는 친일가요들이 사람들에게 큰 호응을 얻기는 어려웠다. "조선 레코드계에서도 「정의의 행진」, 「종군간호부의 노래」 등의 레코드를 제작하였으나 졸렬한 작곡 때문이었는지 소기의 성과를 내지 못하였음은 유감"(「전시하 레코드계 현상」, 『조광』, 1943년 5월호)이라는 평가도 당연한 것이었다. 일제 말기 엄혹한 조건 아래 음반을 내기 위해 불가피한 측면도 있었지만, 적극적이고 노골적인 친일 음악인이 많았던 것도 사실이다.

6. 부산정거장과 흥남부두: 한국전쟁 전후의 대중음악

일제의 패망은 대중가요에도 반영되어 「귀국선」과 같은 희망찬 노래들이 발표되기도 하였다. 그러나 희망과 열정을 꺾어 버리는 공포와 전쟁의 기억이 우리 사회를 지배하게 되었다. 그 결과 1950년대의 대중가요를 지배한 것은 역시 가슴 아픈 이별의 흔적이거나, 아니면 얼토당토 않은 이국정서였다. 전쟁은 대중가요에도 두 가지 영향을 미쳤다. 우선 '이별'과 '슬픔'이라는 소재가 더욱 지배적이 되었다. 「가거라 삼팔선」, 「단장의 미아리 고개」, 「굳세어라 금순아」, 「이별의 부산정거장」이 모두 그런 노래들이다. 1953년에 현인이 불렀던 「굳세어라 금순아」를 보면 이별이 일어난 곳은 흥남부두지만 노래하는 사람도 또 부산에서 힘겹게 피란살이를 하고 있다. 전쟁을 관통하는 이별과 삶의 고통이 노래의 소재가 되고 있는 것이다.

눈보라가 휘날리는 바람 찬 흥남부두에

목을 놓아 불러 봤다 찾아를 봤다

금순아 어디를 가고 길을 잃고 헤매었던가

피눈물을 흘리면서 1·4 이후 나홀로 왔다

일가친척 없는 몸이 지금은 무엇을 하나

이 내 몸은 국제시장 장사치기다

금순아 보고 싶구나 고향 꿈도 그리워진다

영도다리 난간 위에 초생달만 외로이 떴다

「굳세어라 금순아」(3절 생략)

또 전쟁은 대중가요 속에도 반공 이데올로기의 영향을 강하게 남겨
놓았다. 「굳세어라 금순아」의 3절도 금순이에게 "철의 장막 모진 설움"
을 굳세게 견뎌 "북진통일"의 그날 만나자고 하고 있다. "임께서 가신
이 길은 영광의 길이옵기에"라고 하는 「아내의 노래」나 "전우의 시체를

그림 7-5 • 「이별의 부산정거장」을 부른 남인수(왼쪽)와 「굳세어라 금순아」를 부른 현인(오른쪽)

넘고 넘어 …… 원한이야 피에 맺힌 적군을 무찌르고서"를 부르짖는 「전우야 잘 자라」도 마찬가지였다.

한편 1950년대의 대중가요들은 또한 현실의 고통을 턱없는 이국 취향의 노래로 달래 보려 하고 있다. 태평양 로맨스를 찾는 「샌프란시스코」는 그렇다 치더라도 「홍콩 아가씨」, 「페르샤 왕자」와 같은 노래들은 문맥을 읽어 내기가 참 어렵다. 1955년 명국환이 부른 「아리조나 카우보이」를 보자.

> 카우보이 아리조나 카우보이
> 광야를 달려가는 아리조나 카우보이
> 말채찍을 말아들고 역마차는 달려간다
> 저 멀리 인디안의 북소리 들려오면
> 고개 너머 주막집에 아가씨가 그리워
> 달려라 역마야 아리조나 카우보이
>
> (「아리조나 카우보이」)

인디안의 북소리가 울리는데 카우보이가 역마차를 몰고 고개 너머 주막집의 아가씨를 찾아간다는 이 노래는 당시의 대중에게 각인되어 있던 할리우드 서부영화의 이미지를 그대로 연결해 놓은 것에 불과하다. 이 시기에 한국 대중문화의 근대는 새로운 단계에 접어들었다고 해도 좋을 것이다. 미국의 팝 문화가 다가오고 있었다.

◉ 참고문헌

이경분, 「엔카의 정의와 기원 그리고 역사」, 『음악과 민족』, 제51권, 2016.

이승원, 『소리가 만들어 낸 근대의 풍경』, 살림, 2006.

이영미, 『흥남부두의 금순이는 어디로 갔을까』, 황금가지, 2003.

장유정, 『오빠는 풍각쟁이야』, 민음사, 2006.

8장

영화

스타, 관객, 그리고 이데올로기

이
기
훈

1. 극장의 시대가 시작되다(1890~1910년대)

영화는 근대 과학기술이 낳은 예술이며, '대량 복제'와 대중적 감상을 가능하게 한 전형적인 대중문화이다. 영화야말로 근대적인 삶을 가장 잘 보여 주는 문화일 것이다. 1895년 프랑스의 뤼미에르 형제가 처음 만든 영화는 우리가 지금 보는 영화와는 많이 달랐다. 최초의 영화들은 소리가 나지 않는 이른바 '무성(無聲)영화', 사진을 연속화면으로 돌려 움직임을 표현하는 그야말로 '활동사진(motion picture)'이었다. 최초로 대중에게 상영된 영화는 드라마가 아니라 「공장을 나서는 노동자들(La Sortie de l'usine Lumière à Lyon)」과 같이 실제 장면을 찍은 활동사진들이었다. 뤼미에르 형제가 이룬 업적은 아주 뛰어난 기술적 성취를 이룬 것이 아니라, 자신들이 제작한 활동사진을 정해진 장소에 대중을 모아 놓고 돈을 받고 상영하는 영화의 제도를 처음으로 정착시킨 것이었다. 이렇게 만든 활동사진은 순식간에 전 세계로 퍼져 나갔다. 영화가 발명된 지 2년 만인 1897년 이미 일본에 도입되어 상영되었고, 곧이어 일본의 전통극인 가부키(歌舞伎)나 노(能)를 영화로 촬영하여 상영하기 시작했다.

그렇다면 우리나라에서 처음으로 영화, 즉 활동사진이 상영된 것은 언제였을까? 우선 영화가 상영되었음을 바로 확인할 수 있는 기록은 1903년 6월 23일 자『황성신문』의 광고였다. 이 광고는 동대문전기상회의 기계창에서 국내와 서양 여러 나라의 풍경을 찍은 활동사진을 상영하며 입장료가 10원이라 알리고 있다. 그러나 증언이나 다른 기록들에 따르면 이미 1897~1898년경 우리나라에서도 활동사진을 대중에게 상영하였을 가능성이 높다. 1906년이 되면 미국계 한미전기회사의 마당에 가설극장을 만들고 매일 활동사진을 상영하여 꽤 많은 관객이 모여들었다고 한다.

이후 일본인 주거지역인 청계천 남쪽의 남촌에는 어성좌, 명치좌, 경성좌 등 일본식 이름을 지닌 극장들이 설립되었고, 조선인이 많은 북촌지역에는 단성사(1907), 장안사(1908) 등이 들어섰다. 그러나 1910년 이전 조선인 극장들은 대부분 전통연희나 이제 막 도입된 신파극을 주로 무대에 올렸다. 동대문활동사진소라고 불리던 한미전기회사 기계창은 1907년 광무대로 이름을 바꾸고 전통연희 전용관이 되었다. 이 무렵 원각사, 단성사, 장안사 등에서 간간이 활동사진을 상영하였지만, 다른 공연 중간에 틀어 주는 것에 불과했다. 이 시기에 상영된 활동사진은 극영화는 드물었고 서구 도시의 번잡한 거리, 유원지, 동물원, 서커스 따위를 그대로 찍어 놓은 것이 많았다. 내용을 갖추었다 하더라도 저급 코미디물이 많았는데, 1920년까지 활동사진들은 초당 16프레임으로 제작되어 동작이 어색하였으니 코믹물이 어울리기도 했다.

1910년에는 일본인에 의해 경성고등연예관이 만들어졌는데, 경성에 처음 세워진 상설 영화관이었다. 경성고등연예관은 일본인 변사(辯士)

그림 8-1 • 초기 극장 풍경

그림 8-2 • 단성사의 옛 모습

를 고용하여 주로 일본 영화를 상영하였고, 일본인들이나 교육받은 일부 조선인을 주된 관객으로 삼았다. 여기에 비해 조선인 변사를 고용하여 서양 영화를 주로 상영한 우미관은 조선인 전용극장이었다. 이어 박승필이 단성사를 인수받아 영화전용관으로 만든 1913년 이후 경성의 중심가에는 활동사진을 상영하는 극장이 크게 늘어났고 전통연희나 신파 연극을 압도하기 시작하였다. 이를 전후하여 본격적인 극영화들이 상영되고, 맹활약하는 변사들이 등장하였다.

서양에서도 처음 무성영화가 나왔을 때는 해설자가 있었지만, 점차 자막이나 중간 제목으로 내용을 설명하고 극장에는 피아노 반주자만 두는 경우가 많았다. 그러나 일본이나 조선에서는 변사가 매우 중요한 역할을 했다. 일본의 경우에는 가부키나 노, 분라쿠(文樂) 등에서 해설자가 있었으므로 변사가 큰 역할을 할 수 있었고, 우리나라도 판소리나 소설

읽어 주는 사람처럼 한 사람이 이야기를 끌고 나가는 공연의 전통이 강했다. 판소리를 보면 공연자 한 사람이 이 역할 저 역할을 번갈아 가며 할 뿐 아니라, 등장인물들의 심리상태와 사건의 전개를 모두 다 관객에게 알려 준다. 따라서 여러 사람이 각각 역할을 맡아서 대사에 의해서만 이야기를 전개시키고 중간에 아무런 설명 없이 시간과 공간이 바뀌는 영화문법에 익숙해지기 전에는 반드시 변사가 필요했을 것이다. 변사는 단순히 대사만을 전달해 주는 존재가 아니라 활동사진이라는 공연의 가장 중요한 한 부분이었다.

이제 1910년대 종로에서 활동사진을 구경해 보자. 이때는 영화를 상영하기 전에 관악대가 극장 건물 2층의 노대에서 시끌벅적하게 공연을 하여 사람들의 주목을 끌었다. 광교를 건너면서부터 들리는 이 음악소리를 따라가 보면 관철동 우미관이 보인다. 간판에는 큼지막하게 차들끼리 쫓고 쫓기고, 오토바이가 벼랑을 건너뛰며, 다리 위에서 기차 위로 뛰어내리는 장면 따위를 그려 놓았다. 처음 보는 사람으로서는 신기하기 짝이 없다. 활동사진 제목은 「명금(名金, The Broken Coin)」이다(존 포드의 형인 프랜시스 포드가 감독한 모험 영화이다. 여주인공인 그레이스 큐나드가 각본을 썼다). 입구에서 표를 산다. 표는 1, 2층이 구분되어 있지만 좌석이 지정되지는 않았다. 시간이 되면 변사가 무대 가운데 나타나 인사를 하고 곧이어 영화가 시작된다. 불이 꺼지고 깜깜한 가운데 활동사진이 움직인다. 변사는 배우들의 대사를 대신 이야기할 뿐 아니라 영화가 어떻게 전개되는지 설명하느라 분주하다. 온통 서양 사람들뿐이라 처음 보는 시골 사람들은 누가 누군지 구분도 아니 될 법하건만, 서울 사람들은 '기치 구레(여주인공 키티 그레이)'니 '후레데릭 백작(남자 주인공 프레드릭 백작)'을 잘도 구분하고 있다(박태준, 『思想의 月夜』, 1941).

작 빅 릭 데 레 후 ॰ 레 구 치 기

그림 8-3 · 「명금」이 워낙 인기가 있자 그 줄거리를 토대로 소설을 간행하기도 하였다. 1924년 영창서관에서 출간한 『사진소설 대활극 명금』의 표지. 여주인공 키티 그레이 역의 그레이스 큐나드와 감독 겸 남자 주연 프랜시스 포드

극장은 식민지 조선인들에게 신기한 볼거리를 제공해 주는 꿈의 공간이었지만, 제국주의 권력의 감시로부터 자유로울 수 없었다. 오히려 제국주의는 영화와 극장을 지배이념을 확산시키는 데 적극적으로 활용하고자 하였으니, 초기의 계몽영화들이 대표적인 사례이다. 모든 영화는 가혹한 검열의 시선에서 벗어날 수 없었다. 검열을 통과한 영화도 안심할 수 없었다. 식민지의 극장에는 임검 경관이라고 하여 경찰이 한 명씩 배치되었다. 이들은 영화가 상영 중이라도 검열 기준에 저촉된다고 판단하면 상영을 중단시킬 수 있었다. 특히 무성영화의 경우, 변사의 해설이나 관객의 반응에 문제가 있다고 판단하면 즉시 상영이 중지되었다. 경찰관은 어디서나 관객들의 소지품이나 신체 검사를 실시할 수 있었다. 임검 경찰뿐 아니라 심지어 극장이 고용한 일본인 검표원조차 관객에 대한 고압적인 태도 때문에 지탄을 받았다. 만원이 되어도 관객을 계속 들이는 경우가 허다했고 심지어 항의하는 관객을 구타하는 사례도 있었다.

2. 식민지에서 영화 만들기:
「아리랑」과 「임자 없는 나룻배」

우리나라에서 초기 영화사 연구만큼 어려운 분야도 드물다. 필름이 남아 있지 않기 때문이다. 현존하는 가장 오래된 필름도 1936년 작품이며, 무성영화는 하나도 남아 있지 않으니, 앞서 서술했던 내용의 사실 여부를 따지는 일이 무색할 지경이다. 그러다 보니 우리나라 최초의 영화가 어떤 작품인지도 논쟁거리이다.

보통 한국 영화사의 시작을 1919년에 만들어진 「의리적 구토(義理的仇 討)」(義理的仇鬪라는 설도 있다)라고 본다. 그러나 「의리적 구토」는 완전한 영화가 아니라 연극 사이에 서울의 명승을 배경으로 배우들이 찍은 영화 화면을 몇 장면 집어넣은 이른바 '연쇄극'이었다. 예를 들면, 두 배우가 무대에서 싸우다 한쪽이 도주하고 다른 배우가 쫓아간다. 두 사람이 동시에 무대 밖으로 뛰쳐나가면 영사막이 내려오는데, 여기서 앞서 두 배우가 야외에서 자동차를 타고 쫓고 쫓기는 장면을 미리 찍어 놓은 활동

그림 8-4 • 「의리적 구토」 광고

사진으로 보여 주는 것이다. 그리고 이런 영화장면이 끝나면 다시 배우가 무대 위에 등장하여 연기를 계속하는 것을 연쇄극이라고 하였다. 기실 연쇄극은 영화라기보다는 연극에 활동사진을 활용하였던 것으로 보아야 한다는 견해도 있고, 연쇄극 속의 활동사진 장면 또한 대부분 일본인 기술진에 의해 촬영되었다. 게다가 「의리적 구토」는 당시 신극좌라고 하는 신파극단을 이끌던 김도산이 조선에 온 일본 극단 세토나이카이(瀬戸內海)의 연쇄극 「선장의 아내」를 보고 단성사 사장 박승필에게 제안해 만들어진 것이었다. 김도산이 각본·감독·주연을 맡고 이경환, 윤화, 김영덕이 조연으로 출연하였지만, 영화 부분 촬영은 사실 일본인(덴카쓰 영화사 소속 카메라맨 미야카와 소노스케)이 맡았다. 이때부터 1923년까지 신파극을 공연하던 극단들은 너도나도 연쇄극을 만들었다.

본격적으로 만들어진 최초의 극영화가 무엇인지에 대해서는 몇 가지 견해가 있다. 우선 1923년 1월 제작된 「국경」을 최초의 극영화로 보는 설이 있다. 그러나 「국경」은 한국인이 출연하기는 하지만 제작과 감독, 촬영 등이 일본인에 의해 이루어진 일본 쇼치쿠(松竹) 영화사의 작품이므로 우리나라 영화로 볼 수 없다는 견해가 많다. 그렇다면 한국인이 제작한 첫 영화인 「장화홍련전」(단성사 사장 박승필이 제작을 맡았다)이 우리나라 최초의 극영화일까? 그러나 이 설 또한 그다지 많은 지지를 얻지 못하고 있다. 많은 사람이 우리나라 최초의 극영화는 1923년에 윤백남이 감독한 저축계몽영화 「월하(月下)의 맹서(盟誓)」라고 본다. 비록 조선총독부가 저축 장려를 위해 후원하여 제작하였지만, 각본과 감독을 윤백남이라는 한국인이 맡았고 이월화라는 스타를 탄생시켰던 「월하의 맹서」야말로 한국 최초의 극영화라는 것이다. 다만 「월하의 맹서」는 여론에서 그다지 좋은 평을 듣지도, 오래 상영하지도 못했다.

원래 국적을 따지기가 힘든 영화들이 꽤 많다. 좀 예전 영화이지만 베르톨루치(Bernardo Bertolucci) 감독의 유명한 영화 「마지막 황제」를 보자. 중국의 역사를 소재로 하여 이탈리아인이 감독하고, 홍콩·영국·미국 등 수많은 나라의 배우가 출연하며, 음악은 일본인이 맡고, 영국 제작사가 만들고, 미국 배급사가 전 세계에 배급했던 이 영화를 놓고 어느 나라 영화인가를 따지는 것은 불가능한 일이다. 최근처럼 자본과 기술이 세계화되면 '한국 영화'라는 기준도 애매하다. 봉준호 감독이 만든 「설국열차」는 프랑스 만화가 원작이고, 각본과 감독은 한국인이다. 그러나 주연 배우 대부분 영어권 출신이고 대사도 대부분 영어이다. 촬영도 체코 등 해외에서 했고 카메라 감독이나 컴퓨터 그래픽을 담당한 이들의 국적도 다양하다. 영화제작은 대체로 많은 자본과 인력이 들어간다. 제국주의 지배하 영화의 초창기나 다국적 자본이 지배하는 요즘, 국적을 따지기 어려운 영화들이 나오는 것은 도리어 자연스러운 현상이다. 사실 영화는 이전의 다른 예술보다 기술집약적이고 복합적이다. 영화의 제작, 배급, 상영 그리고 사회적 소비 등 모든 부문에 여러 사회적 주체들이 참여하고 교류한다. '최초', 특히 '한국 최초'를 구별하기 위해서는 '순수한 (민족적) 주체'를 찾아내야 한다. 그런데 식민지 지배를 받는 상황에서 제국주의 권력, 일본 자본과 기술에서 벗어나 주체를 형성하는 것은 매우 어렵고 시간이 필요한 일이었다. 「국경」이나 「월하의 맹서」는 이런 초창기 한국 영화의 실태를 보여 주는 작품이라고 보면 될 것이다.

1920년대 한국 영화는 저축 장려와 같이 총독부의 시책을 선전하는 것에서 시작해서 점차 소재를 넓혀 나갔지만, 당시 큰 인기를 끌고 있던 신파연극의 소재나 형식에서 크게 벗어나지 못했다. 이수일과 심순애로 더 잘 알려진 「장한몽」(원작 자체가 『금색야차』라는 일본 신파소설이다), 「농중조」,

또 전통적인 소재이지만 신파적인 방식으로 촬영된 「심청전」, 「운영전」 등이 그것이다. 일본에서 도입된 신파연극은 전통적인 공연과는 다른 새로운 연극이라는 뜻이었지만 형식과 내용의 모든 면에서 리얼리즘과는 거리가 멀었다. 일단 회칠을 한 듯한 분장, 과장된 연기와 대사, 그리고 무엇보다 권선징악이거나 단순한 눈물의 감상만을 호소하는 이야기 구조 등은 이후 '신파'라는 말이 '수준 낮은'과 동의어로 쓰이게 만들었다.

관객들에게 '감동'을 주는 영화를 만들기 위해서는 어떤 방식으로든 식민지에서 한국인의 삶과 현실의 문제와 마주치지 않을 수 없었다. 어떻게 한민족의 삶을 통해 인간과 사회의 문제를 합리적으로 인식하고 답할 것인가? 이 물음에 답하면서 한국 영화사에서 가장 기념비적인 작품인 「아리랑」이 탄생하였다.

1926년 만들어진 「아리랑」에서 주연과 각본, 감독을 모두 소화해 낸 나운규의 역할이 가장 컸다는 데는 이견이 없을 것이다 (감독은 촬영을 맡았던 일본인이었다는 설도 있다). 나운규는 당시 유행하던 신파영화와는 달리 식민지 조선의 농촌마을을 무대로 하여 벌어지는 사회문제를 다루면서, 민중이 현실의 억압을 체념하고 비탄에 빠지는 것이 아니라 거부하고 저항하는 모습을 보여 주었다. 「아리랑」의 줄거

그림 8-5 • 「아리랑」의 한 장면. 나운규와 신일선

리는 다음과 같다.

서울에서 유학하다 정신병에 걸려 귀향한 주인공 영진(나운규 분)은 아버지와 동생 영희(신일선 분)와 함께 살아간다. 제정신이 아닌 영진이지만 유독 마을을 지배하는 마름 오기호(주인규 분)와는 '개와 고양이'(처음 이들의 관계를 설명하는 자막이다)처럼 온갖 갈등을 겪는다. 영진의 친구인 윤현구(남궁운 분)가 내려와서 몰락한 그를 보고 마음 아파하는데, 그와 영희 사이에 사랑이 싹튼다. 그런데 농악제가 벌어지던 날 오기호가 영희를 겁탈하려 하자 영진은 오히려 남녀의 장난처럼 보여 재미있어 한다. 때마침 현구가 이를 막으면서 격투가 벌어진다. 친구와 마름이 싸우는 것을 지켜보던 영진은 환상을 보게 된다. 사막에서 목말라 죽어 가는 남녀가 있는데, 사막의 대상(隊商, 사막에서 물건을 교역하는 상인 집단)이 여자를 괴롭히는 것이었다. 이 환상 속에서 영진은 마름을 살해한다. 현실과 환상을 교차 편집한 이 격투장면은 독일 표현주의 영화에서 영향을 받은 것으로 추측되는데 큰 반향을 불러일으켰다. 사실 「아리랑」은 무성영화였지만 그 덕에 표현이 자유로운 점도 있었다. 예를 들어 영화 속에서는 영진이 정신이상이 된 원인은 나오지 않는다. 그러나 간혹 경관들이 자리를 비우면 변사들은 영진이 3·1운동에 참가했다가 일본경찰의 고문으로 정신병에 걸렸다고 설명하기도 했다고 한다. 무성영화가 아니라면 상상할 수 없는 일이다. 워낙 인기가 있던 터라 「아리랑」은 딱지본 소설로도 만들어져 시골의 부녀들에게까지 읽혔다. 「아리랑」의 필름은 남아 있지 않지만 변사의 해설본 시나리오와 소설은 지금까지 전해 와서 작품을 짐작하게 한다.

1920년대 대표 영화가 「아리랑」이라면, 1930년대를 대표하는 작품은 이규환 감독의 「임자 없는 나룻배」였다. 이규환이 각본을 쓰고 감독한

1932년 작 「임자 없는 나룻배」는 근대화 속에 희생되어 가는 조선 민중의 모습을 아주 잘 형상화했다. 마지막 장면 등 몇 부분이 삭제되기는 했지만 식민지 현실을 통렬하게 드러낸 이 작품이 검열을 통과한 것 자체가 운 좋은 일이었다. 주인공 춘삼(나운규 분)은 농촌 고향마을에서 밀려나 서울로 가서 인력거를 끌며 생계를 유지하지만 아내(김연실 분)의 입원비를 마련하기 위해 돈을 훔치다 감옥에 가게 된다. 출옥한 춘삼은 아내가 이미 다른 남자와 살고 있다는 사실을 알고 실의에 빠져 딸(문예봉 분)을 데리고 고향으로 돌아와 나룻배 사공이 된다. 그러나 강에 철교가 생기면서 생계를 위협받게 되고, 춘삼은 행패를 부리던 공사 감독을 죽이고 뛰쳐나가 도끼로 철로를 부수다가 달려오던 기차에 치여 죽는다. 또 그의 딸조차 춘삼이 뛰쳐나가면서 등잔불을 넘어뜨려 일어난 화재로 목숨을 잃는다. 강나루에 임자 없는 나룻배만 흔들리고 있는 것을 마지막으로 영화가 끝난다. "조선 영화계에서 일찍이 보지 못했던 새로운 감독과 명쾌한 촬영으로 된 영화"라는 평가를 받았던 이 작품에서 나운규는 머리까지 박박 밀고 심기일전한 연기를 보여 주었다. 「임자 없는 나룻배」 이전 나운규의 작품들은 한동안 정형화된 활극이나 '신파'조에 머물러 비난을 받고 있었다. 그러나 이 작품에서 그는 젊은 나이의 농부와 인력거꾼에서 늙은 뱃

그림 8-6 · 「임자 없는 나룻배」 포스터

사공까지 다양한 연령을 소화해 내면서 사실적인 연기의 새로운 경지를 보여 주었다.

「아리랑」이나 「임자 없는 나룻배」 등 좋은 영화들이 만들어지기는 했지만, 식민지에서 영화를 만든다는 것은 지난한 작업이었다. 자금을 모으기도 어려웠고 쓸 만한 장비도 구하기 힘들었다. 심지어 배우와 감독, 스태프들은 끼니를 제대로 챙기지 못하며 촬영해야 했지만, 그조차 장비의 기술적인 문제로 말할 수 없는 고생을 겪어야 했다. 1920년대 장비로는 야간 촬영이 불가능한 것은 물론이고(밤 장면은 변사의 해설에 의존할 수밖에 없었다. 환한 대낮에 촬영하고도 변사가 "이윽고 칠흑 같은 밤이 찾아왔다"는 식으로 해설하였다), 날씨가 흐리기만 해도 화면의 선명도가 확연히 떨어졌다. 그러다 보니 영화는 8월 삼복더위에 촬영하는 일이 많았고, 배우와 스태프의 고생도 이만저만이 아니었다.

그러나 그보다 더욱 힘들었던 것은 검열이었다. 일제는 영화의 제작과 상영이 본격적으로 활성화되었던 1926년 '활동사진 필름 검열규칙'을 발표하였다. 일제의 사전 검열을 거치지 않은 필름은 아예 상영할 수 없었고, 검열관청은 '공안, 풍속, 보건'상 지장이 있다고 판단하면 언제든지 상영을 금지하거나 필름을 삭제하도록 지시할 수 있었다. 이에 따라 조선의 영화는 무차별 가위질을 당해야 했다. 가장 큰 수난을 당했던 것은 1920년대 후반 등장하였던 카프(KAPF, 조선프롤레타리아예술동맹) 계열 영화들이었다. 사회주의 성향을 띠고 있던 카프 계열 작품은 검열과정에서 심각하게 훼손되었다. 1928년 홍개명 감독의 「혈마」는 총 8권의 필름 중 검열을 거치고 나니 3권밖에 남지 않았을 정도였다. 사회주의자의 작품만 검열당한 것은 아니었다. 「임자 없는 나룻배」도 필름을 1,000피트(305m)나 삭제당했고, 「두만강을 건너서」(나운규 감독)는 제목이 불온하다고 하여 「사랑을 찾아서」가 되었으며, 「어둠에서 어둠으로」(심훈 감독)는 「먼동이 틀 때」로 제목을 바꿔야 했다.

3. '스타' 탄생: 인기배우와 변사, 팬들

어느새 도시인들은 영화배우들의 이름을 외우고 그들의 연기에 몰입하기 시작하였다. 1910년대 사람들의 넋을 잃게 하였던 것은 역시 미국영화였다. 앞서 잠깐 언급했던 「명금」이 대표적인 예로서, 이 영화가 한참 인기를 끌 때는 경성 골목의 아이들이 전쟁놀이나 소꿉장난 대신 명금의 주인공 역할을 따라 하는 '명금 놀이'를 할 지경이었다. 1910년대까지만 해도 모험활극이나 코믹물이 인기를 끌었다.

그런데 1910년대 후반부터 활극 외에도 새로운 세계가 영화를 통해 펼쳐졌다. 「철로의 백장미」, 「잔다르크」, 「동도(東道)」, 「칼리가리 박사」 등의 대작, 명작 영화들이 도입되었다. 이어 1920년대에는 유나이티드나 폭스 영화사의 할리우드 영화들이 도입되면서 연애물(사랑 이야기)이 주종을 이루게 되었다. 이 시기쯤부터 중등학교 이상의 학생과 젊은 지식청년들이 영화의 주된 소비층이 되었다. 남학생들 사이에서 학교에 내야하는 "월사금은 못 내서 정학을 당할지언정 활동사진 구경은 의례(으레) 가고, 부모형제에게 문안편지는 잘 아니 하여도 촌수(寸數)도 없는 여학생 누이에게 편지" 하는 풍조가 만연하였다(『개벽』, 1925년 4월호). 여학생들도 마찬가지였다. 이들이 처음 접한 '연애'가 기실 스크린에서 본 것이었으니, 그 사랑의 수단과 방식 역시 영화를 모방하는 일 또한 당연하였다.

연인을 칭찬하는 가장 좋은 표현은 유명한 영화배우를 닮았다고 하는 것이었다. 두 여학생의 대화를 들어 보자.

A: 우리 신(申)의 눈은 꼭 발렌티노 같단다.
B: 뭐가 어쩌고 어째? 너 우리 송(宋) 보았지. 그 머리 깎은 타입이 뉘 것 인 줄 아니? 존 바리모아식이란다."

(『별건곤』, 1929년 9월호)

여학생 A가 자신의 연인 '신'과 비교한 발렌티노란 요절한 무성영화 스타 루돌프 발렌티노이며, 여학생 B가 '우리 송'이 닮았다고 한 존 바리모아는 일세를 풍미한 미남배우 존 배리모어(여배우 드류 배리모어의 할아버지)이다. 이런 서양 배우들에 대한 젊은이들의 동경이 얼마나 열렬했던지, 한 학생잡지는 활동사진을 구경할 때 젊은이들이 알아야 할 사항을 다음과 같이 정리하였다.

활동사진 구경할 때
- 키스하는 장면이 나올지라도 결코 흥분하지 마시오. 배우들은 키스한 뒤에 반드시 양치질을 한답니다.
- 굉장한 건물이나 화려한 실내가 나오더라도 결코 놀라지 마시오. 사실 은 책상 위에 만들어 놓은 조그만 장난감이랍니다.
- 여배우나 남배우에게 속없이 미치지 마시오. 그네들은 아들, 딸, 손자 까지도 있고, 본얼굴은 주근깨투성이랍니다.
- 자막의 영어를 열심으로 읽지 마시오. 영어문법에 낙제점수 당하십니다.

(『학생』, 1929년 3월호)

무성영화 시대에 스타가 되었던 것은 서양 배우들만이 아니었다. 조선 배우들이 영화에 출연하면서 한국인 스타도 나타났다. 그런데 식민지 조선의 무성영화에서 변사는 어지간한 배우보다 더 중요한 역할을 수행하였다. 어떤 면에서 무성영화를 보던 관객들은 눈앞에서 활동사진이 제시하는 시각 이미지와 변사들의 해설이라는 청각적 이미지를 결합해서 영화를 즐겼다. 따라서 최초의 스타는 변사였다.

변사는 목소리 연기와 줄거리 전달을 같이 수행하였다. 남녀노소 등장인물들의 대사를 갖은 목소리로 표현하는 한편, 극의 전개를 설명하느라 바빴다. 장면이 전환되면 "이곳은 다시 ~~"라거나 "때는 바야흐로 ~~" 식으로 공간과 시간을 설명해야 했고, 감정이 고조될 듯하면 "오, 쾌재(快哉, 통쾌하도다)", "오, 애재(哀哉, 슬프도다)"를 남발하기도 하였다. 초기의 변사들은 아예 무대 한편에서 과장된 몸동작을 직접 관객에게 보이며 수선스럽게 해설을 하였으나, 점차 보이지 않는 곳에서 목소리만으로 해설을 하게 되었다. 변사는 영화를 자기 나름대로 해석해서 해설을 하였고, 신파면 신파, 활극이면 활극, 희극이면 희극 등 각기 장기가 있는 장르가 따로 있었다. 그러다 보니 비극적인 신파 전문 변사가 코믹물도 슬프게 해설하고, 희극 전문 변사는 신파물도 코믹하게 해설하는 기현상이 벌어지기도 했다. 또 대부분의 변사는 일본어는 할 줄 알았으나 영어는 몰랐기 때문에 미국 영화의 경우 중간에 나오는 자막의 설명과는 딴판으로 해설하기도 했다. 초기의 대표적인 변사 서상호는 일본에서 중학을 다니다 귀국하였는데, 경찰서와 헌병대 통역을 하다 신파배우가 되었고, 경성고등연예관에서 변사 생활을 시작했다. 유창한 언변으로 최고의 인기를 누렸지만 방탕한 생활로 곧 몰락하고 아편중독으로 방황하는 걸인이 되었다. 변사의 전성기는 길지 않았다. 발성영화(토키, talkie)가 출연하면서 이들이 설 자리도 좁아졌고, 1949년 「검사와 여선생」을 마지막으로 무성영화가 더 이상 제작되지 않으면서 변사도 극장에서 사라졌다.

한편 조선 영화 중에서도 「아리랑」과 같은 영화가 인기를 끌면서 주목받는 스타가 나타나기 시작했다. 초기의 감독은 대체로 20대의 젊은이들이었고 감독과 주연, 각본을 겸하기도 하였다. 대표적인 인물이 나운규이지만, 간혹 의외의 인물이 주연이 되는 경우도 있었다. 우리가 『상록수』의 작가로 잘 알고 있는 소설가 심훈은 영화에 더 관심이 많았다. 시나리오도 세 편이나 썼고, 1928년 「먼동이 틀 때」라는 작품은 직접 영화로 만들기도 했다. 그런데 심훈이 처음 영화계에 등장한 것은 극작가나 감독이 아니라 배우로서였다. 1926년 이경손 감독이 신파극 「장한몽」을 영화로 찍고 있을 때, 주연배우였던 일본인 주삼손(朱三孫)이 갑자기 사라져 버렸다. 급히 '대역할 만한 미남자'로 찾은 것이 동아일보사에 다니던 심훈이었다. 분장을 짙게 하기는 했지만 두 배우의 체형이 확연히 달랐던 터라, 영화의 전반과 후반 남자 주인공이 확연히 달라서 관객들을 당황하게 했다고 한다. 하지만 더 황당한 것은 그럼에도 「장한몽」이 꽤 성공을 거두었다는 사실이다. 한편 주연배우가 일본인인 경우는 「장한몽」만이 아니었다. 심훈이 감독한 「먼동이 틀 때」의 주인공 광진 또한 자막에는 강홍식이라는 이름으로 나왔지만, 실제로는 일본인 배우 이시이 데로우였다. 무성영화라 대사가 필요 없던 시절이어서 가능한 일이었다.

심훈, 나운규 등 남자 주연배우들은 인기도 높았지만, 이들은 배우이면서 감독과 각본, 제작을 겸하였다. 물론 많은 사람의 마음을 흔들어 놓았던 것은 역시 여배우들이었다. 「월하의 맹서」에 주연으로 등장했던 최초의 여배우 이월화는 인기 있던 연극배우 출신이었다. 「월하의 맹서」

이후 「해의 비곡」, 「뿔 빠진 황소」, 「지나가의 비밀」 등에서 주연을 맡았지만, 1928년 「지나가의 비밀」 촬영 중 기생이 되어 은퇴하였고, 곧 결혼하였으나 1933년 심장마비로 사망하였다.

「아리랑」의 여주인공 신일선은 시쳇말로 스타의 원조쯤 되는 인물이다. 식민지 영화계의 꽃 같은 인물이지만 또 그만큼 파란만장한 삶을 살았다. 1926년 당시 16세이던 신일선은 동덕여학교를 다니다 오빠 신창운의 권유로 여배우가 되었다. 「아리랑」 이후 엄청난 인기를 누렸고, 1926∼1927년 사이 일곱 편의 영화에서 여주인공을 맡았다(이 시기 조선에서 제작된 영화는 모두 16편이었다). 이 꽃다운 소녀에게 팬레터가 물밀 듯이 밀려 왔고 혼자 가슴앓이하는 청년들이 부지기수였다. 심지어 그녀에 대한 이루어질 수 없는 짝사랑에 철로에 뛰어든 젊은이까지 생길 지경이었다. 신일선은 열일곱 어린 나이에 오빠가 소개한 호남 부호 양승환에게 시집을 갔으나 3개월 만에 본처가 나타났고, 양승환의 사업 실패로 빈털터리가 되었다. 1934년 자살을 시도하였으나 실패하고 다시 영화계에 복귀하였으나 예전 같은 명성을 얻을 수는 없었다. 신일선은 1937년 다시 연예계를 떠난 다음 1957년 다시 만든 「아리랑」에 단역으로 출연한 것 외에는 쓸쓸한 만년을 보내다 1990년 사망하였다.

「아리랑」이 낳은 스타가 신일선이라면, 문예봉은 「임자 없는 나룻배」가 낳은 스타였다. 문예봉은 조선예술가극단장 문수일의 딸로 13세 때부터 무대에 올랐다(신일선 또한 한때 문수일 극단의 단원이었다). 「임자 없는 나룻배」 이후 최초의 토키 영화인 「춘향전」에 출연하였고, 「장화홍련전」, 「인생항로」, 「수선화」 등의 주연을 맡으며 '조선의 연인'으로 이름을 날렸다. 연기의 폭도 넓어져 1936년 작 「미몽」에서는 욕망을 위해 가정까지 버리는 여인 역을 잘 소화해 냈다. 신일선에 비해 문예봉의 사랑은 성

공적이었다. 「임자 없는 나
룻배」에 출연했던 이듬해
인 1933년 극작가 임선규
와 결혼했다. 「홍도야 우지
마라」로 더 잘 알려진 「사
랑에 속고 돈에 울고」의 극
작가가 바로 임선규이다.
그러나 임선규와 문예봉은

그림 8-7 · 문예봉, 1941년 작 「지원병」의 한 장면

1940년대 이후 친일 행적으로부터 자유롭지 못했다. 해방 이후 좌익계
열에 적극 참여하였던 문예봉·임선규 부부는 1948년에 월북하였고, 임
선규는 폐결핵으로 별다른 활동을 하지 못하다가 1970년에 세상을 떠
났다. 문예봉은 1952년에 공훈배우, 1982년에는 인민배우의 호칭을 받
으며 최고의 배우로 대우를 받다 1999년에 사망하였다.

4. 발성영화와 군국주의 영화

워너브라더스사가 1927년 첫 발성영화 「재즈싱어(The Jazz Singer)」를 내
놓은 이래 소리 나는 영화에 대한 관심이 크게 높아지기 시작했다. 조
선에서도 1930년부터 발성영화가 수입·상영되었고, 1935년에 첫 번째
발성영화 「춘향전」이 제작되었다. 당대 최고의 여배우 문예봉이 춘향 역
을 맡고 최첨단 기술이 사용된 1935년의 「춘향전」은 평단에서는 그리
좋은 평가를 받지 못했지만 대중에게는 열렬한 환영을 받았다. 1936년

『조광』에 연재한 박태원의 「천변풍경」에는 젊은 기생 취옥이 중년의 부자 민 주사에게 요즘 "단성사에서 놀린"는 「춘향전」을 보러 가지 않겠느냐고 유혹하는 장면이 있다. 「춘향전」은 일반 무성영화보다 두 배나 비싼 입장료에도 많은 사람이 몰려들었다고 한다. 1936년에는 제작된 영화의 절반이 발성영화였고, 최초의 음악영화인 「노래조선」이 제작되었다.

소리는 영화를 만들고 소비하는 현장의 풍경을 완전히 바꾸었다. '토키'라고도 한 초기의 발성영화는 대사와 효과음, 배경음악 등을 후시녹음으로 입힌 간단한 수준이었지만, 이조차도 이전보다 훨씬 많은 자본과 기술을 요구하였다. 화면과 소리를 맞추는 녹음기와 현상시설, 소음이 적은 조명시설은 물론이고, 녹음을 위해서 방음장치를 갖춘 스튜디오도 필요하였다. 식민지의 영세한 영화 자본으로 이런 투자를 감당하기는 어려운 경우가 많아 일본 자본을 들여오는 경우가 늘어났다. 투자가 늘면 당연히 수익도 늘어야 한다. 그런데 조선의 영화 시장은 발성영화를 처음 만든 미국이나 유럽, 또 일본처럼 급격히 성장하지 못했다.

소리가 있건 없건 할리우드 영화는 압도적으로 대중의 인기를 독차지했다. 무성영화 시절에는 변사가 줄거리를 해설해 주었으니 누구라도 영화를 즐길 수 있었다. 그런데 발성영화가 도입되면서 변사는 사라졌고, 대신 '자막'이 등장했다. 조선에는 할리우드 영화를 직수입할 만한 자본이 없었으니, 대부분의 영화는 일본에서 수입한 것을 다시 들여와 상영했다. 당연히 일본어 자막만 깔려 있을 수밖에 없었다. 초등교육 취학률이 30퍼센트 아래에 머물던 식민지 사회에서 일본어 자막을 능숙하게 읽을 수 있는 사람은 많지 않았다. 조선어 영화가 필요했지만 제작 편수는 얼마 되지 않았다. 영화관은 더 부유하고 교육받은 계층을 위한 공간이 되었다.

조선 영화를 만드는 현장도 크게 변했다. 흔히 무성영화 시대의 배우들을 '피의 배우'라고 하고, 발성영화 시대의 배우들은 '흙의 배우'라고 했다. 대사가 없다 보니 표정과 동작을 아주 크게 하고 감정을 많이 드러내야 했던 무성영화의 연기를 '피'에 비유하고, 동작이나 표정은 훨씬 절제하여 자연스럽게 보이고 대사를 통해 감정과 줄거리를 전달하는 발성영화의 연기를 '흙'에 비유한 것이다. 배우의 발성과 대사 처리 능력이 훨씬 중요해졌고, 과장된 동작은 줄여야 했다. 노재신, 이종철, 문예봉, 한일송 등 발성이 좋고 절제된 연기를 할 줄 아는 연극배우들이 영화계로 진출하였고, 새로운 감독들이 데뷔하였다.

반면 변사들은 급격히 사라졌다. 처음에는 발성영화를 변사가 해설하기도 했으나, 영화의 소리와 변사의 해설이 겹치면서 관객을 방해했다. 여기에 자막을 읽는 문화가 정착하니 변사가 설 곳은 없었다. 변사의 해설이 울려 퍼질 때만 해도 영화관은 함께 울고 웃으며 떠들어 대던 놀이 공간으로서의 성격을 약간 지니고 있었다. 그러나 이제는 아무도 서로에게 말을 걸지 않았다. 침묵의 규율이 확립되었고, 각자가 오로지 화면만 주시하며 스토리를 이해하는 시각문화의 공간이 확립되었다.

1937년 중일전쟁이 시작되면서 영화계에도 찬바람이 불기 시작했고, 1940년 1월 조선영화령이 발포되면서 민간의 자율적인 영화제작은 실질적으로 불가능해졌다. 1941년에는 영화배급사들이 조선영화배급회사로 강제통합되었고, 1942년에는 제작사들이 조선영화제작주식회사로 통합되었다. 심지어 1942년 이후 우리말 영화제작이 금지되어 일본어로만 영화를 만들어야 했다. 서광제(「군용열차」), 최인규(「집 없는 천사」, 「수업료」), 안석영(「지원병」), 방한준(「승리의 뜰」), 허영(「너와 나」), 전창근(「복지만리」) 등이 일제의 전쟁을 찬양하거나 전시체제에 협력한 대표적인 영화인들이었다. 특히 1942년 이후 조선영화제작주식회사에 소속된 많은 감독과 배우들은 총독부의 기획에 따라 선전영화를 제작하였다. 이들 중 일부는 일본인 감독을 보좌하여 일제의 전시선전영화를 만드는 데 참여하기도 했다. 예를 들어 「망루의 결사대」는 조선영화제작주식회사와 일본 도호(東寶)영화사가 합작하여 만들었는데, 이마이 다다시(今井正) 감독이 연출하고 최인규가 보좌하였으며, 다카다 미노루, 하라 세쓰코 등 일본 배우와 함께 문예봉, 김신재, 전옥, 전택이 등이 출연하였다. 이마이 다다시와 최인규는 1945년 「사랑의 맹서」를 연출하였는데, 식민지 조선 소년이 전사한 전쟁영웅을 본받아 가미카제 특공대에 지원한다는 내용의 노골적인 군국주의 영화였다.

5. 해방과 전쟁 속의 영화

1945년 일제가 물러가면서 해방의 감격과 새로운 국가 건설의 기대가 넘쳐 났다. 그러나 영화를 만들 환경은 열악하기 짝이 없었으니, 이미 제2차 세계대전 중부터 부족하던 필름이나 카메라, 녹음시설은 거의 동나 있었다. 그리하여 온갖 종류의 영화들이 만들어졌다. 35mm 필름을 구할 수가 없으니 16mm 무성영화 필름에다 다시 영화를 찍을 수밖에 없었고, 사라졌던 무성영화들이 다시 등장했다. 「삼일혁명기」(윤봉춘 감독, 1947), 「해방된 내 고향」(전창근 감독, 1947), 「윤봉길 의사」(윤봉춘 감독, 1947), 「유관순」(윤봉춘 감독, 1947), 「검사와 여선생」(윤대룡 감독, 1948), 「죄 없는 죄인」(최인규 감독, 1948) 등이 모두 16mm 무성영화였다. 심지어는 연쇄극까지 다시 나타났으니 권일청의 「홍길동전」은 5막 10장의 연쇄극으로 제작되었다. 그러는 한편 미군 기자재들을 사용하여 35mm 흑백영화도 제작되었고(최인규 감독, 「자유만세」), 1949년 최초의 컬러 영화 「여성일기」(홍성기 감독)도 제작되었다.

당시 국내의 장비와 재료, 시설을 다 모아 봐야 1년에 고작 극영화 24편, 문화영화 6편, 뉴스영화 12편 정도를 만들 수 있는 상황이었다(「해방 후의 남조선 영화계」, 「민성」, 1948년 8월호). 따라서 한국 영화가 극장에서 상영되는 비중은 극히 미미했고 극장에서는 대부분 제2차 세계대전 중에 제작되어 도입되지 못했던 할리우드의 대작 영화들이 상영되어 큰 인기를 끌었다. 1938년 작 「시카고」, 1942년 작 「카사블랑카」와 「마음의 행로」 등 할리우드 영화가 100편 이상 상영되었다. 이른바 '할리우드 키드'들이 생겨날 수밖에 없었던 것이다.

그런 중에도 「자유만세」나 「검사와 여선생」 등은 나름대로 관객의 호응을 얻었다. 해방 직후 1948년까지 영화들은 대체로 일제로부터 해방된 감격과 새로운 시대에 대한 기대감을 다룬 계몽영화들이 많았다. 「자유만세」(최인규 감독, 1946), 「해방된 내 고향」(전창근 감독, 1947), 「민족의 새벽」(이규환 감독, 1947), 「독립전야」(최인규 감독, 1948) 등의 작품이 그것이다. 특히 「자유만세」는 그중에서도 큰 호응을 얻었던 작품이지만, 최인규 감독은 일제 말 군국주의 영화를 제작했던 대표적인 인물이었으니, 최인규로서는 속죄의 의미도 있었겠지만 오명을 벗기는 어려운 일이었다. 또 애국지사나 민족의 자존심을 높인 인물들에 대한 영화도 많이 만들어졌다. 「안중근 사기」(이구영 감독, 1946), 「유관순」, 「윤봉길 의사」, 「불멸의 밀사」(김영순 감독, 1947) 등이 대표적이다.

이 시기에 영화인의 전국적인 단체가 결성되었다. 1945년 8월 19일

해방이 되자마자 조선문화건설중앙협의회 산하에 조선영화건설본부가 조직되었는데, 여기에는 좌우가 모두 참여하였다. 그러나 좌우익과 친일 경력을 지닌 인물들이 모두 참여함으로써 이질적인 구성원들이 모여 만든 조직이다 보니 해방기 영화계를 주도하는 데 어려움을 겪었다. 좌파들은 따로 1945년 11월 조선프롤레타리아영화동맹을 만들어 16mm 기록영화 「경방」, 「민족전선」을 만들기도 하였으나, 두 조직은 곧 통합되어 조선영화동맹이 되었다. 영화동맹은 영화제작을 국영화할 것을 주장하고 예술에 대한 과세에 항의운동을 벌이기도 하였다. 영화동맹의 주도층은 좌파적 성향이 강했지만, 이들의 정책은 좌우를 막론하고 많은 영화예술인의 지지를 이끌어 냈다. 그러나 좌우 대립이 격화되고 남북한의 분단이 기정사실화되면서 영화동맹은 무력화되었고, 많은 영화인이 월북하였다. 영화 또한 분단과 남북대결의 논리에서 벗어날 수 없었고, 특히 이데올로기 선전에 활용되었다. 그런 와중에서도 1949년에 제작된 윤용규 감독의 「마음의 고향」은 수준 높은 수작으로 찬사를 받았다.

그러나 1950년 한국전쟁이 발발하자 전투기록영화나 홍보영화, 그리고 일부 선전용 극영화만이 겨우 제작되었다. 「정의의 진격」(한형모 감독, 1951)이 대표적인 기록영화이고, 「삼천만의 꽃다발」(신경균 감독, 1951), 「악야」(신상옥 감독, 1952), 「태양의 거리」(민경식 감독, 1952) 등의 극영화가 만들어졌다. 이때부터 강고하게 자리 잡게 된 이데올로기적인 억압은 1990년대까지 한국 영화의 발전을 가로막는 큰 장애물이었다. 1953년 전쟁이 끝난 후 한국 영화는 부흥기를 맞이하였다. 이규환 감독의 「춘향전」(1955), 한형모 감독의 「자유부인」(1956)이 흥행에 대성공을 거두면서 시네마스코프 영화나 컬러 영화가 다양하게 시도되었다. 그러나 여전히 반공 이데올로기의 포박으로부터 자유로울 수는 없었다.

◉ 참고문헌

김미현 편, 『한국영화사: 開化期에서 開花期까지』, 커뮤니케이션북스, 2006.

김종원·정종헌, 『우리 영화 100년』, 현암사, 2005.

유선영, 「초기 영화의 문화적 수용과 관객성」, 『근대를 다시 읽는다』, 역사비평사, 2006.

이화진, 『소리의 정치: 식민지 조선의 극장과 제국의 관객』, 현실문화, 2016.

한국영화예술연구소 편, 『이영일의 한국영화사 강의록』, 도서출판 소도, 2006.

9장

근대의 독서
책 읽기의 규율과 시장

이
기
훈

1. 선비의 책 읽기, 대중의 책 읽기

학교나 회사에 들어가려고 하면 써야 하는 자기소개서에서 항상 사람을 망설이게 하는 것이 취미란이다. 여기에다 망설임 없이 뭔가를 쓸 수 있다면야 별문제가 없겠지만, 딱히 취미라 할 것이 없는 사람들도 꽤 있다. 10여 년 전까지만 해도 이럴 때 '독서'라고 써 넣은 사람들이 꽤 있었다. 요새는 책 읽는 것은 모든 사람이 당연히 해야 할 일인 만큼 취미가 될 수 없다는 새로운 '상식'이 일반화되어서 어쨌거나 취미를 독서라고 하는 것을 썩 촌스러운 것처럼 생각한다. 요즘 인기 있는 연예인들에게 취미를 물으면 절대 독서라고 답하지 않는다. 그 대신 스노보드니 윈드서핑이니 재즈댄스니 하는, 뭔가 그럴싸해 보이는 스포츠나 유행의 첨단을 달리는 레저 활동을 꼽게 마련이다. 그러나 이 또한 우리 사회 속에서 독서의 의미가 변화하면서 생긴 현상이지, '독서=취미'가 처음부터 촌스러웠던 것은 아니다.

오히려 1920~1930년대 연예인들은 독서를 첨단의 취미로 쳤다. 예를 들면, 당시 영화계의 떠오르는 샛별 문예봉(「임자 없는 나룻배」의 주연배우이며, 나중에 북한의 인민배우가 되었다)은 "틈만 있으면 독서하는 것이 취미"라고 하였다(「화형여우(花形女優) 문예봉 양의 대답은 이러합니다」, 『삼천리』, 1936년 2월호). 비슷한 때 동양극장에서 '눈물의 여왕'으로 불리던 인기여배우 차홍녀 또한 무대에 나서는 것 외에 다른 취미는 없느냐는 질문에 "독서하는 것이 제일 좋아 틈만 나면 책을 읽는다"고 대답했다. 신진배우 최선 양도, 「무정」의 주인공으로 발탁된 한은진 양도 한결같이 취미는 독서라고 소개하였다(『삼천리』, 1936년 8월호, 1938년 11월호).

연예인들만이 아니다. 인텔리나 사업가들도 독서가 취미라고 했다. 1933년 경성치과전문학교(요즘으로 치면 서울대 치대쯤 될 것이다)를 졸업한 이창선 양은 틈틈이 음악과 독서에 열중하는 것이 취미라고 대답하였다(『동아일보』, 1933년 2월 28일 자, 6면). 경북 지방의 대지주로 동방과학흥업회사(東邦科學興業會社)의 사장인 김병업 씨도 취미가 무엇이냐는 질문에 독서나 서화 같은 데서 다소 마음의 위안을 받는다고 했다(석병정, 「동방과학흥업회사 사장 김병업 씨, 청년사장 방문기」, 『삼천리』, 1936년 8월호).

그런데 이렇게 독서가 '취미', 즉 즐거움을 얻기 위한 수단이 되는 것은 근대 대중문화 시대에 이르러서였다. 그 이전, 조선시대의 선비들 사이에서 독서는 재미 그 자체를 목적으로 해서는 아니 되었다. 물론 독서는 즐거운 일이어야 했지만, 그 즐거움이란 감각적인 쾌락이 아니라 '도(道)'에 이르는 과정에서 누리는 지적이고 도덕적인 것이어야 했다.

근대 이전 전통적인 사회에서 독서는 선비의 의무이자 특권이었다. 교육을 받는다는 것 자체가 일정한 사회적 지위와 부를 가지지 않은 다음에는 불가능한 일이었던 만큼 독서라는 행위는 지식인 지배계급으로서 사대부를 구분해 주는 지표이기도 했다. 따라서 선비가 책을 읽는 것은 자연과 인간의 이치를 깨닫기 위한 '궁리(窮理)의 제일(第一)'이었으며, 감각적인 즐거움이나 사사로운 이익을 목적으로 해서는 안 되는 것이었다. 그러므로 이들이 '읽는다[讀]'라고 인정했던 책이란 한자로 된 서적들이었으니, 아녀자들이나 보던 것으로 치부하였던 한글 소설류는 당연히 이 범주에 들어가지 못하였다.

어린이가 책을 읽는 것은 바로 도학에 입문하는 순서였던 만큼, 읽어야 하는 책이 차례도 거의 정해져 있었다. 『천자문(千字文)』이나 『동몽선습(童蒙先習)』을 떼고 나면 "먼저 『소학(小學)』으로써 근본을 배양하고, 다음에 『대학(大學)』 및 『근사록(近思錄)』으로써 그 규모를 정하며, 다음에 『논어(論語)』, 『맹자(孟子)』, 『중용(中庸)』 등의 오경을 읽고 그 사이에 『사기(史記)』 및 선현의 성리서"를 읽는 식이었다. 물론 이 사이에 "성인의 책 아닌 것은 읽지 말며 무익한 문장은 보지 말아야" 했다(이이, 『학교모범(學校模範)』, 제3조 독서).

그림 9-1 • 선비의 책 읽기(이명기, 「초당독서도」, 리움 미술관 제공)

이런 책을 읽을 때 편안히 누워서 대충대충 볼 수는 없는 법이다. 숙독·정독은 당연하였고, 중요한 책은 읽고 또 읽어 외우는 것이 당연하였다. 몇몇 선비들은 자기가 수천 번 이상 읽었다는 책들의 목록을 남기고 있다. 그중에서 김득신은 자신이 만 번 이상 읽은 글 36편을 기록해 놓았다. 하루도 빠지지 않고 매일 두어 번씩 읽기를 20, 30년씩 했다면 1만 번 넘어가는 것도 불가능하지는 않을 것이다. 그런데 이 정도면 읽겠다고 생각한 순간에 글 내용 전부가 머릿속에 다 떠오를 터인데도 굳이 또 '읽어야' 했던 이유는 무엇일까? 외웠어도 한참 전에 외웠을 것을 굳이 다시 '읽는다'고 표현한 것은 '독서'에 그야말로 책과 자신을 일치시킨다는 의미가 함축되어 있었기 때문일 것이다.

그리고 이렇게 읽기 위해서는 눈으로만 읽기보다는 소리 내어 읽게 된다. 흔히 눈으로만 책을 읽는 묵독(默讀)이라 하고, 소리 내어 읽는 것을 음독(音讀)이라고 한다. 그런데 음독이라고 해서 단순히 소리 내어 글을 읽기만 하였던 것이 아니다. 서당에서는 훈장님이 장죽을 입에 물고서 눈을 지그시 감고 몸을 천천히 좌우로 흔들면서 중얼중얼 글을 읽어 내려간다. 학동들은 또 제각기 몸을 앞뒤 또는 좌우로 흔들면서 목청껏 자신의 책을 읽어 나간다. 이렇게 몸을 흔들면서 그에 맞추어 소리 내어 글을 읽은 것은 리듬 속에서 문장의 의미를 정확히 파악하고, 나아가서는 쉽게 문장을 암기하기 위해서였다. 한문으로 된 오래된 서적들을 보면 알 수 있듯이, 원래 한문에는 띄어쓰기가 없다. 따라서 문장을 해석하기 위해서는 어디쯤에서 의미를 나누어 주느냐가 가장 중요하다. 이렇게 끊어 읽기 위해서는 소리 내어 읽어 나가면서 그 문장의 흐름이 가지는 리듬에 익숙해질 필요가 있다. 그러므로 아주 난해한 부분을 만났을 때, 소리 내어 반복하여 읽는 동안 앞뒤 문맥뿐 아니라 그 글 전체의 흐름 속에서 문장의 의미를 더 잘 파악할 수 있게 된다. "독서백편의자현(讀書百遍義自見), 즉 책을 백 번 읽으면 그 뜻이 저절로 나타난다"라는 말은 이래서 생긴 것이다. 여러 사람이 함께 공부하는 서당이나 서원에서도 저마다 문장의 흐름을 따라 몸을 흔들고 소리 내어 읽으며 책이 제

그림 9-2 · 서당에서 책 읽는 풍경

시하는 도(道)의 길을 따라가는 것이 전통적인 독서의 풍경이었다.

그러나 근대사회에 접어들면서 이런 독서의 풍경은 크게 변하였다. 서구의 문물과 사상이 쏟아져 들어오면서 사람들은 책을 읽는 목적을 작은 번거로움과 수고로 큰 '행복'과 '쾌락'을 얻기 위해서라고 생각하기 시작했다. 여기에서 한 걸음 더 나아가면 독서는 '취미'가 되었다. 1920년 대 초반 한 신문 사설은 독자들에게 "문명인(文明人)의 특색인 독서취미를 양성"할 것을 권하고 있다. 독서야말로 진정한 '쾌락(快樂)'을 얻을 수 있는 수단이니 '독서의 위력'을 각성하라는 것이었다(「오인(吾人)과 독서(讀書)」, 『조선일보』, 1921년 1월 25일 자). 이 시기의 대표적 지식인 중 한 사람인 이돈화는 "독서는 취미이니 독서의 취미를 모르는 자는 어떤 점에서 불행의 인물"이며, "서(書)는 실로 취미의 보고(寶庫)이며 취미의 왕국"이라고 선언하였다(이돈화, 「진리(眞理)의 체험(體驗)」, 『개벽(開闢)』, 제27호, 1927).

독서가 '문명인'의 취미로 규정되고 있는 점을 눈여겨보자. 독서가 '문명인'의 취미가 될 수 있었던 것은 그것으로 금전보다 더한 '위력(威力)'을 얻을 수 있었기 때문이다. 이돈화는 심지어 "원래(元來) 인생(人生)은 취미(趣味)라. 취미로써 생(生)하고 취미로써 사(死)한다"라는 약간은 극단적인 표현까지 사용하는데, 이는 시간과 공간을 뛰어넘어 '신(神)의 화(話)'와 '군신(軍神)의 작전비술(作戰秘術)', '진리(眞理)의 신비경(神秘境)'을 얻을 수 있는 수단이라고 보았기 때문이다. 독서는 '지식=힘'을 획득하는 첩경이며 문명으로 나아가는 수단으로 받아들여졌다. 이 시기의 독서취미론은 '문명=힘=지식'의 계몽적 사고방식이 독서의 영역을 확장해 나가면서 형성된 것이었다. 그것은 궁극적으로 낙후한 조선을 "건실히 진보하려면 더욱더욱 배우고 익혀서 한량없는 지식을 양성하는 외에 무슨 딴 수가 있는 것이 아니"라는 전망 아래서 더욱 강화되었다. 이런 경향은 1900년대 이래 근대 지향적 계몽운동의 연장선상에 놓여 있는 것이었다.

또 독서취미론은 누구나 책을 읽을 수 있고 읽어야 한다는 것을 전제로 한다. 이전에도 선비 아닌 사람들의 책 읽기가 없었던 것은 아니지만, '독서자(讀書者)=선비(士)'라는 인식에서 독서란 일반 백성들이 저급한 책을 읽는 것을 단연 배제하는 것이었다. 그러나 독서를 취미로 인식하면서 적어도 글을 읽을 줄 아는 모든 대중이 독서의 주체로 받아들여졌다. 그리고 이 경우 대중은 즐거움을 위해 책을 읽는다. 독서가 '취미'라는 것을 받아들이게 된 데에는, 책 읽기를 통한 상상력과 미적 감각의 자극 같은 '쾌락'의 요소도 빼놓을 수 없었다. 이런 인식은 서적의 자본주의적인 대량생산과 소비를 위해 반드시 필요한 것이기도 하였다. 취미가 근대적인 현상인 것은 상당수의 대중이 여가를 얻으면서 일과 구별되는 놀이로써 '취미'를 즐길 수 있게 되었기 때문이다. 물론 식민지 조선에서는 거의 절대다수의 대중이 여가와 취미를 논하기 어려운 궁핍

한 상황에 놓여 있었다. 이런 속에서 그나마 교육을 받은 대중이 접근할 수 있던 손쉬운 취미는 독서일 수밖에 없었다.

그리하여 1920~1930년대 사람들은 누가 먼저랄 것도 없이 취미란을 '독서'로 채우기 시작했다. 1938년 영화 「무정」의 주연 여배우로 발탁되었던 한은진 양은 인터뷰에서 "내 취미는 별스럽지 않고, 누구나 좋아하는 음악을 좋아하고 독서를 즐긴다"라고 하였다(「명우(名優) 한은진의 '연애관(戀愛觀)'」, 『삼천리』, 1938년 11월호). 이렇듯 독서는 어느새 누구나 가질 수 있는 취미로 인식되기 시작했다.

그러나 정말 그랬을까? 아주 단순해 보이는 취미나 오락도 충분히 그 것을 즐기기 위해서는 어느 정도 훈련이 필요한 법이다. 요즘 젊은 세대 누구나 즐기는 모바일 게임이나 뉴미디어 매체를 나이 든 사람들이 쉽 게 접근하기는 어렵다. 모바일 게임의 문법과 조작에 익숙해지기 힘들 기 때문이다. 하물며 독서를 즐기기 위해서는 최소한 글을 읽을 줄 알아 야 한다. 단순히 문자를 깨치는 것이 아니라 상당한 수준의 글 읽기 능 력이 있어야 했다.

2. 식민지의 책 읽기: 문맹, 일본어와 조선어

20세기 전반 식민지 조선은 문맹률이 매우 높았다. 지금도 그렇지만 당시에도 글을 읽을 수 없다는 것은 큰 불이익이었다. 게다가 식민지 조 선의 민중은 한글만 읽어서는 필요한 문자생활을 다할 수 없었다. 일제 강점기의 공식 언어는 일본어였기 때문이다.

1930년 일제는 처음으로 '국세조사(國勢調查)'라는 것을 조선에서 실시하였다. 요즘으로 따지면 '인구주택 총조사'와 유사한 이 조사에서 일제는 주민의 문자 해득 상태도 통계를 내었는데, 한글의 해득 여부와 함께 일본어 습득도 수준을 나누어 조사하였다. 통치를 위한 기본 자료라는 국세조사의 속성에 비추어 당연한 일이기는 하지만, 당시 식민지인들이 처해 있던 언어생활의 이중성을 단적으로 보여 주는 예이기도 하다. 식민지의 척박한 교육 현실로 인해 많은 사람이 한글조차 읽을 수 없는 문맹상태에 놓여 있는 상황에서, 공식적이고 법률적인 모든 문서생활은 일본어로 이루어졌다. 따라서 대부분의 민중은 이중으로 문맹의 고통을 겪지 않을 수 없었다.

1920년대까지 한글 문맹률에 대한 정확한 통계는 없으나 대체로 80퍼센트 대였던 것으로 추정된다. 이런 높은 문맹률은 1920년대 전국적인 문맹퇴치운동과 교육열의 확산으로 조금씩 낮아졌다. 한글을 못 읽는 사람의 비율이 1930년에는 77.73퍼센트였고, 남자의 경우는 63.92퍼센트까지 떨어졌다. 한편 취학률이 높아지면서 일본어 해득률도 점차 높아졌다. 1919년 일본어 해독 가능 인구는 전체의 2.5퍼센트에 불과했으나 1927년에는 5.72퍼센트, 1929년에는 7.7퍼센트까지 상승하였다. 특히 교육을 받은 집단에서 일본어 독서가 점차 확산되었다.

맨 처음 보통학교에 입학한 어린이들이 한글을 깨치면 보통 동화집이나 『어린이』 같은 소년잡지를 읽기 시작하지만, 한글로 된 책은 금방 바닥을 드러냈다. 그러면 소년들은 자연스럽게 일본어 독서의 세계에 발을 들여놓았다. 중등 이상의 교육을 받게 되면 나름대로 일본어가 능숙해진다. 그리하여 "중학 2, 3년만 되면 대개 어려운 서적이라도 일본말로 독서"할 수 있게 된다(팔봉산인(八峰山人), 「지배계급교화(支配階級教化) 피지배계급교화(被支配階級敎化)」, 『개벽』, 제43호, 1924). 일본어는 이렇게 교육받은 자들의 언어로서 고급의 지식과 문화를 향유하는 수단이 되었다. 또 일본어 서적을 읽을 수 있다는 것은 '인텔리'를 일반 민중과 구분하는 기준이며 과시의 수단이기도 하였다.

1936년 4월, 잡지 『삼천리』는 중등학교 이상의 교육을 받은 인텔리 기생과 여배우, 댄서 들을 불러 모아 이것저것 물어보는 좌담회를 열었다. 당시 기생이란 단순한 술자리 접대부가 아니라 전통적인 기예와 교양을 익힌 일종의 연예인이었다. 따라서 이들은 지적 소양을 쌓았음을 과시하는 경향이 있었다. 그래서 어떤 신문·잡지를 읽느냐는 질문에 모두 일본어 매체를 먼저 들고, 다음으로 한글 신문을 추가하고 있다. 영화배우 겸 마담 복혜숙은 일본의 『부인공론(婦人公論)』을 매달 읽는다고 했고, 여자고등보통학교를 졸업한 24세의 댄서 김설봉도 『개조(改造)』, 『부인공론』, 『주부지우(主婦之友)』, 『부인구락부(婦人俱樂部)』, 『킹』 등의 일본 잡지 목록을 먼저 대고 난 다음, 『동아일보』, 『삼천리』 등 한글 신문·잡지를 읽는다고 대답하였다.

왕수복이라는 1930년대에 가장 명성을 날리던 가수가 있다. 이 사람 또한 평양 기생 출신인데, 역시 『삼천리』가 찾아가서 인터뷰를 했다. 기자는 왕수복의 책꽂이에 『風と共に去りぬ(바람과 함께 사라지다)』나 『퀴리 부인전』 따위를 발견하고 자신도 아직 읽지 못한 것을 다 읽었다고 무척 놀란다. 왕수복은 우리 같은 사람은 그런 책을 읽어서는 안 되느냐며 은근히 자신의 지식을 과시하고 있다. 일본어로 책을 읽을 수 있다는 것은 자신이 인텔리임을 나타내는 지표였던 것이다.

그러나 1930년대까지 절대다수의 사람들에게 일본어는 여전히 외국어였다. 아예 학교교육을 받지 못했던 다수의 사람들은 물론이거니와 중등 이상의 교육을 받았다 해도 '외국어'로서 일본어의 벽을 넘기는 어려웠다. 어느 정도까지 의사소통이 가능하고 책을 읽을 수 있다고 하더라도 모국어와 같을 수는 없었다. 이광수가 일찍이 "조선 청년들이 일본어를 배웠으나 일본어 문학을 감상할 만한 어학의 힘을 갖지 못하였다"고 했는데, 이 또한 이런 형편을 지적한 것이었다.

식민지의 이중언어 구조에서 한국어는 항상 부차적이고 종속적인 지위에 놓일 수밖에 없었다. 그 결과 식민지 조선의 출판문화는 극히 척박한 현실에 허덕여야만 했다. 그러나 역으로 이런 상황은 식민지의 필자 및 독자 대중에게 민족언어의 독자적인 지식공간, 독서의 소비공간을 자각하게 하는 자극이 되기도 하였다.

3. 책 읽기의 규율: 어떻게 읽어야 하는가

전통적인 학문과 교육체제가 붕괴하면서 선비나 학동들이 소리 내어 글을 읽는 독서풍경에도 큰 변화가 일어났다. 1910년대까지만 해도 도서관이나 학교와 같은 공공장소에서 묵독이란 낯설기 짝이 없었던 탓에, 외국의 대학에서는 수백 명이 모여 앉아서 공부하는데도 책장 넘기는 소리밖에 들리지 않는다는 사실이 매우 신기한 일로 소개되었다(윤정원, 「헌신적 정신(獻身的精神)」, 『대한자강회월보(大韓自强會月報)』, 제10호, 1907).

그러나 곧이어 '소란스러운' 독서는 금세 우스꽝스러운 것으로 여겨지게 되었고, 눈으로만 읽는 묵독이 금세 주류의 자리를 차지하였다. 1920년대 후반 도서관은 이미 "바깥은 그렇게 요란스러운데 안에서는 이렇게 많은 사람이 저마다 침착하게 걸터앉아서 기침소리 하나 안 내

그림 9-3 · 도서관에서 책 읽기. 경성부립도서관 풍경(『동아일보』, 1931년 2월 2일 자)

고 책들만 보고" 있는 장소가 되었고, "일없이 오래 구경하여도 공부를 하는 데 방해"가 된다고 인식할 정도로 묵독 규율은 확고하게 정착하였다(「2일 동안에 서울 구경 골고루 하는 법」, 『별건곤(別乾坤)』, 제23호, 63쪽, 1929).

이렇게 묵독이 급속히 확산될 수 있었던 까닭은 무엇일까? 그 주된 동력은 학교교육에 있었다. 주요 경전들을 중심으로 정해진 텍스트를 하나씩 읽어 가던 전통적 교육과정 대신 동등한 여러 교과목을 동시에 학습해야 하는 서구적 분과학문과 교과과정이 도입된 것이다. 이에 따라 독서의 방식도 한 권의 텍스트를 집중적으로 외우다시피 반복하여 읽는 것에서 여러 권의 교과서와 더 많은 참고서를 함께 읽는 것이 되었다. 그렇다면 음독보다는 묵독이 훨씬 효율적일 수밖에 없었다.

더 결정적인 것은 학교에서 독서규율의 습득이었다. 근대학교는 교육 내용과 형식의 모든 면에서 새로운 규율에 의해 통제되는 폐쇄된 공간을 형성한다. 교실은 교사의 권위에 의해 통제되는 균질적인 공간이며, 교사는 원칙적으로 학생의 모든 행동을 파악하고 통제하려 한다. 따라서 실내에서의 정숙이 가장 중요한 규율로 정착하였다. 이런 과정에서 학생들은 자연스럽게 묵독의 규율을 체득하게 되었다. 교실 내에서는 소리 내어 읽는다 해도 교사의 통제 아래 일률적으로 진행되었다. 따라서 텍스트의 흐름에 자기 몸의 리듬을 맞추어 읽어 가는 음독은 실질적으로 거의 소멸하였다.

그러나 1920년대 신문종람소나 청년회 등에서 공동체적인 독서가 활발히 나타났다. 『동아일보』나 『조선일보』와 같이 당시 영향력 있던 신문들은 온 마을 사람들이 돌아가며 읽었고, 문맹자를 위해서는 신문종람소에서 낭독해 주기도 하였다. 낭독하는 것이 문맹자들에게 글 내용을 알려 주기 위해서만은 아니었다. 많은 사람이 정치적·사회적 문제에 대한 토론과 의사소통을 위해서 특별한 신문이나 잡지의 글을 낭독하고 토의하기도 하였다. 하와이 교포들은 금요강의회를 조직하여 몇 가지 좋은 글을 선택하여 낭독하고 토론하는 방식으로 모임을 진행하였다고 하는데, 식민지의 청년회나 농민회에서 흔히 볼 수 있는 광경이었을 것이다. 이런 방식의 '음독(낭독)'은 어떤 의미에서는 훨씬 계몽적이고 근대적인 현상이라고 할 수도 있다. 이 같은 상황은 당시에 수많은 강연이 열렸던 것과 같은 맥락에서 이해해야 한다. 공공부문의 교육 투자를 제대로 기대할 수 없는 식민지에서 민중을 계몽하기 위해서는 청년지식인들이 직접 나설 수밖에 없었다. 이때 낭독은 계몽적 기획을 전개하는 효과적인 수단이 되었다.

4. 자본이 책을 만들고, 권력이 감시하다: 인쇄자본과 검열

독서의 근대를 조망하기 위해 빼놓을 수 없는 것이 인쇄·출판자본의 형성이다. 식민지의 대표적인 출판자본은 대체로 서점에서 출발하였다. 자본주의적 도서시장이 확대되면서 대자본으로 성장한 이후에도 이들은 서점영업을 오히려 확장하였다. 이후 등장하는 대규모 주식회사들도 서적의 출판과 유통에 모두 참가하였다. 유명한 박문서관(博文書館)은 1907년 불과 300원의 자본으로 시작하였지만 이후 인쇄소까지 인수하여 자본금 15만 원의 대자본이 되었고, 조선도서주식회사나 한성도서주식회사 등도 자본금이 20만 원 이상의 대규모 회사였다. 이런 대규모 인쇄·출판자본은 서적을 상품으로 개발하기 시작했고 베스트셀러를 만들어 냈다.

큰 출판사들이 서점을 겸하는 경우도 많았다. 박문서관, 회동서관, 영창서관, 한성도서, 이문당이 모두 독자들에게 책을 직접 판매하였다. 경성에서는 이런 대형서점들이 도시생활의 한 부분을 이루면서 자리 잡았다. 종로2가의 박문서관이나 안국동 사거리의 이문당이 특히 유명하였다. 박문서관은 2층 건물로, 아래층은 서점이고 2층은 출판사 편집실로 사용하였다. 이문당은 관훈동 입구에 3층 건물을 짓고 비슷한 용도로 사용하였다. 책을 마음대로 살 여유가 없었던 많은 학생이 이런 큰 서점에서 서서 책을 읽었고, 그렇지 않으면 관훈동 고서점가에서 헌책을 구입하기도 했다. 보통 20전 정도면 소설 한 권을 살 수 있었는데, 읽고 나서 다시 헌책방에 되팔면 15전을 주었으니 결국 5전에 책 한 권씩을 빌려 볼 수 있었던 셈이다. 일본어 서적밖에 없기는 했지만 학생들

그림 9-4 · 서점에서 책 읽는 사람들(『동아일보』, 1931년 1월 19일 자)

은 공립도서관을 이용하기도 했다. 총독부 도서관이나 경성부립도서관은 1~2전으로 하루 종일 책을 볼 수 있는 곳이었다.

그러나 그나마 다양한 방식으로 책을 접할 수 있었던 것은 경성이나 평양, 대구와 같은 대도시뿐이었다. 시골에서 책을 손에 넣으려면 우편으로 구매하는 방법 외에는 없었다. 시골뿐 아니라 도시에서도 사상서적 등을 일본에 직접 주문하는 경우에 우편주문을 이용하였으므로 우편주문의 비중은 상당히 컸다.

한편 일제강점기에 출판된 모든 책은 엄격한 검열을 거쳐야 했다. 검열에는 사전검열과 사후검열이 있었다. 일단 식민지 조선에서 발간되는 모든 단행본은 원고상태에서 사전검열을 받아야 했다. 총독부에는 아예 출판경찰이 있어서 이 분야를 전담했는데, 어지간한 내용은 여기서 다 검열당하였다.

조선총독부 경찰의 지독한 검열을 피하는 방법 중의 하나는 도쿄로 가서 서적을 발행하고 역으로 수입하는 것이었다. 일본에서라고 검열이 없지는 않았지만, 출판한 다음의 검열이었고, 조선총독부 경찰만큼 가혹하지는 않았기 때문이다.

그러나 그조차도 안심할 수 없었다. 어차피 조선의 독자들이 읽기 위해서는 우편으로 들여와야 했고, 애초에 지방의 많은 독자는 책을 우편으로 구입할 수밖에 없었다. 그런데 이 우편물 내용도 수시로 검열하였다. 특히 총독부 경찰의 감시를 받고 있는 사람들이라면 더 말할 것도 없었다. 당시 많은 '사상사건'들이 우편검열을 통해 색출한 서적을 단서로 하였다.

5. 연애, 출세, 그리고 저항: 베스트셀러들

1920~1930년대 베스트셀러

일제강점기의 도서시장에서 어떤 책이 많이 팔리고 널리 읽혔는지에 대한 정확한 통계 자료는 없다. 최근 신문과 잡지의 광고와 기사 등을 통해 일제강점기와 해방 이후의 독서실태를 추적한 연구들이 나왔는데, 이에 입각해서 당시의 출판시장을 살펴본다.

소설과 동화

역시 재미를 위해 가장 많이 읽혔던 것은 소설이었다. 1900년대 본격적인 인쇄자본과 새로운 독서문화가 등장할 때쯤 신소설과 번안소설이 유행하였다. 알려진 것처럼 『혈의 누』, 『은세계』, 『금수회의록』 등의 신소설이 유명하다. 그러나 최초의 근대소설이자 베스트셀러인 이광수의

『무정』(1917) 이전에 사람들에게 인기를 끌었던 책은 번안소설이었다. 흔히 이수일과 심순애로 알려진 조중한의 『장한몽』은 오자키 고요(尾崎紅葉)의 『금색야차(金色夜叉)』를 번안한 것이며, 민태원의 소설 『무쇠탈』은 제목에서 알 수 있듯이 뒤마의 소설 『철가면(L'homme au masque de fer)』을 번안한 것이다.

근대소설 최초의 본격적인 베스트셀러 작가는 이광수였다. 1917년 『매일신보』에 연재된 『무정』으로부터 시작하여 1938년 『사랑』까지 그의 소설은 항상 기본적으로 많이 팔리는 책이었다. 당시 이광수의 소설이 독자들에게 준 가장 강렬한 인상은 무엇이었을까? 대체로 그것은 '연애'였다. "도덕적 표준이 엄한 노인들은 소설을 가리켜 청소년들을 타락시키는 연애희문(戀愛戱文)"이라 하였고, 문학청년들은 "소설이란 사회 개조, 특히 연애 해방을 표준으로 삼은 연애 이야기"라는 개념을 가지게 되었다(김동인, 「조선근대소설소」, 『조선일보』, 1929년 7월 28일 자).

특히 1920년대 독자층은 최대 관심사가 연애였다. 그 결과 연애소설도 연애소설이지만, 『사랑의 불꽃』 등 연애편지집이 더 많이 읽히는 현상이 나타나기도 하였다. 그러나 1930년대 들어와 연애에 대한 사회적 갈망이 어느 정도 가라앉으면서 다양한 문제에 관심이 확산되고 여러 가지 소설류가 널리 읽혔다.

1930년대 중반에는 소설의 전성시대가 열렸다. 여전히 가장 많이 읽힌 것은 이광수였다. 동양극장의 남녀 주인공 차홍녀와 심영은 모두 최근에 읽은 감동적인 책으로 이광수의 소설 『흙』을 주저 없이 꼽았고, 가수 이난영도 이광수의 소설을 감동적으로 읽었다고 하였다(『삼천리』, 1936년 6월호, 1935년 8월호). 가수 왕수복도 한글 서적으로 『애욕의 피안』이니 『사랑』이니 하는 이광수의 소설을 들고 있다.

그림 9-5 • 딱지본 소설 『옥중화』. 판소리 춘향
전의 내용을 이해조가 개작한 것
이다.

심훈의 『상록수』도 이 시기 베스트셀러
가운데 하나였지만, 1930년대는 역사소
설과 전집의 전성시대이기도 하였다. 이
광수의 『마의태자』, 『이순신』, 현진건의
『무영탑』, 박종화의 『금삼의 피』 등이 모두
이 시절의 인기 역사소설이었다. 그리고
전집류가 발간되기 시작한 것도 중요한
특징이다.

그러나 이런 책들보다 더 인기 있는 소
설이 있었다. 흔히 울긋불긋한 겉표지 때
문에 '딱지본 소설'이라고도 하고, 국수 한
그릇 값인 6전밖에 하지 않았기 때문에
'6전 소설'이라고도 하는 책들이다. 『심청

전』, 『춘향전』 등의 고전소설이나 『장한몽(長恨夢)』, 『추월색(秋月色)』 같은
신소설들이 딱지본 소설의 주류였다. 일반적으로 비싼 책은 1원~1원
50전을 넘었고, 보통 소설책이나 동화책은 50~60전 정도였던 시절에
6전짜리 딱지본은 가격도 쌌지만 워낙 많이 팔렸다. 딱지본은 납활자로
만들어 한번 판을 짜서 어느 정도 찍어 내면 활자가 닳아서 새로 조판을
해야 했는데도 『춘향전』 같은 경우에는 1년에 40만 부를 판매하기도 하
였다. 1935년도 서울의 서적도매상 조합에 따르면, 이해에만 『춘향전』
이 7만 권, 『심청전』이 6만 권, 『홍길동전』이 4만 5,000권가량 판매되었
다고 한다.

박문서관이 성공할 수 있던 토대도 바로 이 딱지본 소설이었다. 이
런 딱지본 소설은 서점에서 판매되기보다는 출판사와 직접 계약을 맺

그림 9-6 • 『사랑의 선물』 광고(『동아일보』 1922년 9월 9일 자)

은 행상을 통해 직접 독자들에게 판매되었고, 많을 때는 이 행상의 수가 1,400~1,500명에 달하였다고 한다. 딱지본 소설의 판매는 1930년대 중반 이후 점차 줄어들기 시작하였으나 해방 이후까지도 시골 장터에서는 상당히 많이 유통되었다.

딱지본 소설이 이렇게 많이 팔린 것은 근대적 예술관에 입각한 새로운 소설에 적응하지 못한 많은 독서 대중이 전통적인 '이야기'를 읽고 싶어 했기 때문이었다. 시골의 독자들은 실제 현실에서 일어날 수 있는 사실주의적 이야기에 몰입하기보다 전통적인 판타지의 세계에 익숙했다. 그런데 이런 판타지는 어른이 아니라 '어린이'의 전유물이 되었다. 원래 구분되지 않던 어른과 어린이의 오락과 놀이를 구분하면서 백일몽과 같은 판타지는 '동화'라는 어린이 전용의 장르가 되었다. 일제강점기 어린이운동에서 '동화'는 중요한 선전의 수단이기도 했으니, 전국을 순회하는 동화구연회가 인기를 끌었고 동화책도 엄청나게 팔리며 베스트셀러가 되었다. 특히 방정환이 1922년 여러 나라 동화를 번안하여 만든 동화집 『사랑의 선물』은 판을 거듭하며 많은 사람들에게 사랑을 받았다.

이미 동화는 어린이를 위한 이야기로 정의되고 있었지만, 많은 성인 독자도 동화책을 읽거나 낭독을 들으며 평안을 얻기도 했다.

연애와 성(性)

새롭게 형성되는 도회생활과 대량소비의 공간 속에서 이전보다 훨씬 직접적이고 강렬한 욕망들이 싹트기 시작했다. 1920년대 새로운 문물의 세례를 받은 젊은이들에게 '연애'는 폭발적인 매력을 가지고 있는 것이었다. 청춘남녀 간의 사랑에 대한 열정은 '연애열'로 불릴 만큼 급격히 확산되었고, 극단적인 경우 '정사(情死)'라는 형태로 마침표를 찍기도 했다. 이런 연애열의 소산이기도 하고 또 이를 더욱 자극하였던 것이 연애소설과 서한집이었다.

특히 그중에서도 노자영의 『사랑의 불꽃』은 최고의 베스트셀러로 자리 잡았다. 이문당에서 나온 『사랑의 불꽃』은 철저히 독자 대중의 기호에 기반을 둔 기획상품으로, 근대적 출판시장의 속성을 보여 주는 책이었다. 노자영은 미국인 선교사 오은서를 가공의 필자로 내세우고 다양한 연애 경험을 살린 19편의 연애편지를 한 권의 책으로 엮어 냈다. 『사랑의 불꽃』은 판을 거듭하여 수만 부 이상을 판매하였으며, 다른 출판사나 서점에서 이를 모방한 『사랑의 □□』라는 책들을 연이어 출간하기도 했다. 남의 눈을 의식한 여성 고객들은 『사랑의 불꽃』이 매장에 깔려 있으면 책값 50전을 놔두고 슬쩍 책보로 가려서 사가기도 했다고 한다.

한편 이런 낭만적인 연애보다는 직접적이고 노골적으로 성적 욕망을 자극하는 책들도 많이 팔렸다. 주로 우편을 통해서 이런 부류의 책을 판매하던 일본 출판사들이 성업하였다. 좀 점잖은 경우는 『남녀생식기도해연구(男女生殖器圖解研究)』, 『성교피임법의 신연구』와 같이 인체와 성에

대한 '연구'의 명목을 달기도
하였지만, 각종 『미인나체사
진(美人裸體寫眞)』 부류도 판을
쳤고, 심지어 『남녀상애(男女相
愛) 생각대로 홀리는 법』이라
는 책이 판매되기도 하였다.
그런데 이런 성에 대한 호기
심을 이용하여 사람들을 속이
는 경우도 종종 있었다. 예를
들면 "벌거벗은 남녀야사(男女
夜事)하는 사진"이라는 광고문

그림 9-7 · 나체 사진집 광고(『동아일보』, 1923년 7월 19일 자)

구에 현혹되어 몰래 주문해 놓고 이제나저제나 기다리다가 막상 배달된
우편물을 사랑방에서 몰래 열어 보면 여름철 남녀 직공들이 웃통을 벗
고 야간작업하는 사진 몇 장만 들어 있는 일도 드물지 않았다.

교재, 참고서와 수험서

한편 1920년대 이래 교육열이 확산되면서 교재나 입시용 참고서의
수요도 크게 확산되었다. 보통학교나 중등학교의 교재 및 참고서도 상
당히 팔렸고 — 이때 이미 '전과(全科)' 참고서가 나오기 시작했다 — 입시
용 수험서들도 꽤 매상을 올렸다. 한편 학교수업의 참고서라고는 할 수
없지만 여러 종류의 교재나 실용서적도 서점과 출판사들의 주요 수입원
중 하나였다. 옥편이나 편지 등 여러 가지 서식을 모은 척독(尺牘)류가
대표적인 예이다.

한편 갖가지 통신강의록이 많이 팔리고 있었다는 점도 주목할 현상

이다. 『중등통신강의록(中等通信講義錄)』, 『와세다 중학강의(早稻田中學講義)』, 『와세다 여학강의(早稻田女學講義)』, 『철도원양성강의록(鐵道員養成講義錄)』 등 중학과정을 통신수업으로 마칠 수 있다는 각종 교재가 앞길이 막막한 식민지 청소년들의 관심을 끌었다(물론 실제로 학력이 인정되는 것은 아니었다). 이는 민중의 강렬한 교육열에 비해 실제 교육기회가 극히 제한되어 있던 식민지 교육체제의 모순이 가져온 현상이었다. 그러나 또 이런 중등학교 교재나 강의록 등을 가장 많이 구입했던 계층은 총독부의 보통문관시험이나 순사시험 지원자들이었다. 이는 식민지 지배기구의 말단에 편입해서라도 사회적 신분 상승을 이루고 싶다는 강렬한 세속적 입신의 열망을 반영하는 현상이기도 하였다.

사회주의 서적

우리가 앞서 살펴본 근대적 독서는 자본주의적 시장 속에서 입신이나 연애, 성과 같은 소비적 욕망의 궤적을 따르는 것이었다. 그러나 반대로 체제를 전복하고자 하는 의지 역시 책을 통해 전파되었다. 1920년대 초반부터 사회주의 서적이 식민지의 지식인들 사이에서 급속히 읽히기 시작하였다. 초기에는 주로 저명한 기독교 사회주의자 가가와 도요히코(賀川豊彦)나 오오스키 사카에(大杉榮) 또는 크로포트킨(Pyotr Alekseevich Kropotkin) 등 무정부주의자들의 저서가 널리 읽혔으나, 1922~1923년쯤에는 본격적으로 마르크스주의적 저작들이 등장하였다. 특히 1925년 이후가 되면 "사회주의는 일반 상식"이라는 문구가 공공연하게 광고에 나올 정도로 사회주의 관련 서적이 많이 읽혔다. 개벽사의 『사회주의학설대요(社會主義學說大要)』는 단연 베스트셀러로 꼽혔고, 1927년 이후에는 마르크스, 엥겔스, 레닌의 원저들을 공공연하게 광고하기 시작했다. 대

부분 일역판이 많이 돌아다녔지만, 일부는 한글로 번역되기도 하였다. 특히 가와가미 하지메(河上肇)의 『가난 이야기(貧乏物語)』와 야마카와 히토시(山川均)의 『자본주의의 기교(資本主義のカラクリ)』와 같은 책은 입문서로 널리 읽혔다. 야마카와의 다양한 책들은 한국어로 번역되기도 했다. 그리고 사회주의자들은 이런 책들을 함께 읽는 독서회를 조직함으로써 청년지식인들 사이에서 세력을 확대하였다.

이들 1930년대 젊은 사회주의자들은 『임노동과 자본(Lohnarbeit und Kapital)』같은 마르크스의 원저들도 꽤 읽었다. 그

그림 9-8 · 개벽사 발행의 『사회주의 학설대요』. 초판이 매진되었음을 알리는 광고

러나 사회주의운동에 투신한 많은 청년을 직접 움직였던 것은 수많은 지하 팸플릿이었다. 1920년대 말부터 식민지 조선사회의 해방 문제를 직접 다룬 팸플릿은 등장했다. 이철악(제4차 조선공산당에서 중심적인 역할을 했던 한위건으로 추정된다)이 쓴 『조선운동의 당면 제 문제』 등이 대표적인 경우이다. 1930년대 지하 사회주의운동이 확산되면서 일제 당국의 감시를 피해 발행한 팸플릿이나 지하신문 등은 사회주의운동의 비밀조직을 통해 몇몇 조직원에게 전달되어 읽혔다. 일제의 탄압 속에서 '(사회주의) 비밀조직의 독서'라고 할 수 있는 현상이 발생할 수밖에 없었던 것이다.

일제 말기와 해방 이후의 베스트셀러

일제 말기

1937년 일제가 중국에 대한 침략전쟁을 시작하면서 이른바 전시체제로 들어갔다. 전쟁 상황에서 출판과 독서는 권력의 통제와 물자 보급이라는 두 가지 측면에서 모두 힘들어지게 마련이었다. 우선 검열과 출판통제가 강화되었다. 이미 1930년대 후반부터 사회적인 문제에 대한 책을 내는 것이 극히 어려워졌다. 게다가 1940년대에 접어들면서 일제는 일상생활에서 일본어 사용을 강요하였다. 『동아일보』나 『조선일보』조차 문을 닫는 상황에서 한글 출판물 발행 자체가 힘들어졌다.

또 전쟁이 격화되면서 물자 보급이 어려워져 종이 가격이 급등하였다. 책을 만들려면 당장 종이가 필요한데, 이것이 철저한 배급제로 운영되다 보니 책을 인쇄해서 파는 것보다 차라리 종이를 그대로 놔두었다가 파는 것이 훨씬 이익이 높을 것이라고 말할 정도가 되었다(『박문』, 1940년 3월호). 전시체제하에서는 일제의 관제 출판물 정도만 유통되는 상황이었다.

해방 이후

일제의 패망은 무엇보다 한글 서적의 해방을 가져왔다. 쌓여 있던 한글책이 일시에 팔렸고, 출판사가 우후죽순으로 생겨나기 시작했다. 1945년 9~12월 사이에는 45개 출판사, 1946년에는 150개 출판사가 설립되었으며, 1946년 1년간 1,000여 종의 책이 출판되었고 평균 초판 발행부수는 5,000부나 되었다고 한다. 요즘 단행본들의 초판이 2,000부를 넘기기 힘든 상황과 비교해 본다면 대단한 일이 아닐 수 없다.

이런 출판 붐을 주도하였던 것은 정치 팸플릿이었다. 50쪽 내외의 얇은 팸플릿 형태의 출판물이 길거리 노점에서 많이 팔렸는데, 그것은 대부분 좌익 계열의 서적이었다. 학생들의 경우에는 이념 서적도 제법 읽었다. 『경제학대강』, 『자본론』, 『반듀링론』과 같은 제법 두꺼운 서적들부터 레닌이 저술한 각종 팸플릿, 심지어 『스탈린 선집』까지 사회주의 서적들이 학생들의 독서목록에서 윗자리를 차지하였다(「좌익서적이 일위」, 「독립신보」, 1946년 8월 7일 자; 「학생생활형태조사통계」, 「국학」, 제3호, 1947년 12월). 이런 경향을 반영하여 1945년 10월 31일에는 사회과학서적 출판을 목적으로 하는 '조선좌익서적출판협의회'가 창립되기도 했다.

그러나 그 전에 좌우익을 막론하고 반드시 먼저 읽어야 할 책이 있었다. 우리말 글쓰기에 관한 책이었다. 한글학회의 최현배가 집필한 『한글 맞춤법 통일안』이 엄청나게 팔렸다. 대구의 계몽사는 이 책을 2만 부 이상 판매했다고 한다. 100쪽 내외의 프린트물에 불과했지만 학교 교직원이라면 누구나 한 권씩은 가지고 있어야 하는 필독서가 되었다. 이태준의 『문장강화』도 많이 팔렸고, 양주동의 『고전독본(古典讀本)』도 교과서 구실을 하였다. 1946년 대구에서 발행된 잡지 『건국공론』이 대구 시내 서점을 상대로 독서 경향을 조사한 바에 따르면 국문학이 20퍼센트로 1위, 국사학이 15퍼센트로 다음을 차지하고 있다. 국문학은 주로 소설과 최현배의 『한글갈』 등 문법서류였다. 우리말뿐 아니라 우리 역사에 대한 관심도 폭발적이었다. 정인보의 『조선사연구』, 신채호의 『조선사연구초』 등이 다시 발간되었고, 최남선의 『신판 조선역사』, 김성칠의 『조선역사』 등도 많이 읽혔다.

독서시장에서 좌익서적의 우위는 1947년에도 유지되었다. 그러나 정치적 상황의 변화는 이미 책 읽기 문화에도 조금씩 반영되기 시작하였다. 좌익의 퇴조가 뚜렷해지면서 넘쳐 나던 팸플릿의 숫자도 줄어들었지만, 그 직전 불길처럼 타올랐던 관심과 열정도 수그러들기 시작했다. 대신 소설류의 문학서적이 점점 더 많이 팔리기 시작했다. 경찰들이 서점에서 좌익서적을 압수하기 시작했고, 검열이 강화되었다. 1948년 대부분의 좌익단체들이 불법화되면서 결정적인 타격이 가해졌고, 사회과학이나 정치 팸플릿은 남한에서 거의 완전히 사라지게 되었다.

또 이 무렵 좌익서적이 많이 발간되기는 했지만, 독서시장에 새로운 이념을 공급해 줄 깊이 있는 학문이나 사상서적이 발간된 것은 아니었다. 앞서 본 것처럼 급한 대로 몇 권의 우리말과 역사에 대한 서적들이 읽히기는 했지만, 해방 이후 체계적인 연구의 산물은 아니었다. 외국 서적을 우리말로 번역하는 작업도 손대기 어렵기는 마찬가지였다. 일부는 영어나 독일어, 프랑스어 원서를 구해 읽기도 했지만, 해방 이전 조선에 살던 일본인들이 놓아두고 간 책이나 공공도서관에 있는 책이 거의 전부였다. 결국 많은 독자들은 해방된 조국에서도 정말 전문적이고 깊이 있는 지식을 얻기 위해서는 일본어 서적을 구해 읽을 수밖에 없었다. 해방이 되기는 했지만 식민지배하에서 황폐화된 우리말 독서공간을 채울 역량을 키우지 못했던 것이다. 설상가상으로 이처럼 황폐화된 지식시장은 한국전쟁으로 또 한 번 결정적인 타격을 입었다. 식민지배와 전쟁은 독서의 역사에도 큰 상흔을 남겼던 것이다.

◉ 참고문헌

육영수, 『책과 독서의 문화사』, 책세상, 2010.

이기훈, 「근대적 독서의 탄생」, 『역사비평』, 제62호, 역사비평사, 2003.

이중연, 『책, 사슬에서 풀리다: 해방기 책의 문화사』, 혜안, 2006.

정선태·김현식 편, 『삐라로 듣는 해방 직후의 목소리』, 소명출판, 2011.

천정환, 『근대의 책 읽기: 독자의 탄생과 한국근대문학』, 푸른역사, 2003.

10장

체육과 스포츠

운동경기 속에 깃든 근대와 민족

송찬섭

1. 고종 조서, 체육이라는 낯선 말

체조하는 학생들

한말 새로운 문물이 범람하는 가운데 체육문화도 뿌리내리기 시작했다. 근대체육은 왕실, 선교사 등을 통해 이식되어 들어왔다. 전통사회에서는 체육이라는 개념이 없었다. 한말 양반들이 근대운동을 접하면서 "저렇게 힘든 일을 종을 시키지, 왜 직접 하나" 하고 혀를 찼다는 일화가 있듯이, 아무런 목적 없이 운동으로 땀 흘리는 일을 서구인들이 교양 정도로 여긴다는 것은 이해하기 어려웠다. 체육은 단순히 건강 증진이나 취미생활을 위해 들어온 것이 아니었다. 학교 교과과정에서 체육을 교육시켜 몽매한 백성을 계몽하고자 했던 것이다.

체육은 나라를 부강하게 하는 힘이 되기도 했다. 1895년 고종의 「교육조서」는 지육·덕육·체육을 교육의 목표로 한다고 하여 체육의 필요성을 강조하였다. 조서의 내용을 살펴보자.

체양(體樣)은 동작이 항상 부지런함에 힘씀을 주로 하고, 안일을 탐내지 말며, 고초를 피하지 않음으로써 근육과 뼈대를 튼튼히 하여 건장무병한 즐거움을 누리게 하라(『관보』, 1895년 2월 2일 자).

건강한 신체를 만들기 위해 체육이 필요하다는 내용이었다. 체육은 나아가 교육을 통한 구국의 길과도 연관되었다. 당시 체육에서는 체조가 중심이었다. 이때 만들어진 소학교 교육목표에는 체조가 들어 있었으며, 1900년 중학교 교칙에도 체조가 학과목으로 규정되어, 군에 조회하고 무관 졸업생을 보내 가르치게 하였다. 교사를 배양하는 한성사범학교의 규칙에도 체조가 교과목으로 되어 있었다.

고종은 아관파천으로 러시아 공사관에 머물 때 영어학교 학생들이 군복을 입고 체조하는 것을 열병하듯이 구경하였다(『독립신문』, 1896년 5월 28일 자). 이때 영국 해군 관원이 이들을 조련하였다. 근대적 군대의 필요성을 통감했던 고종은 이를 보고 매우 만족하였다.

이처럼 체조의 군사적 목적이 컸기 때문에 관립학교 체조교사로는 현

그림 10-1 • 1910년경 맨손체조를 하는 모습

역 무관을 파견하였다. 이때 파견되었던 체조교사 가운데는 군대 해산 이후 독립운동가가 되었던 노백린(1875~1926)도 있었다. 이런 점에서 체조가 소학교의 과목으로 채택된 것은 군사적 훈육을 목표로 하였기 때문이라고 볼 수 있다. 특히 1905년 이후 체조는 국가의 무력을 형성하는 기반으로 인식되었다.

이기영(1895~1984)의 성장소설 「봄」은 한말 한 마을의 개항 풍경을 담고 있다. 군인 출신 개화꾼 신 참위는 체조교육을 군대식 교련으로 행한다. 이에 따라 학도를 글방 아이와 달리 활발한 기상을 획득한 존재로 그리고 있다.

체조는 서울을 중심으로 그 열기가 높아지더니 지방까지 영향이 확대되어 교사를 상대로 한 체조강습회도 열렸다. 특히 여학교에서 체조가 정식 교과과목으로 채택된 것은 가히 충격적이었다. 1896년 이화학당에서 여학생들에게 손을 번쩍 들고 가랑이를 벌리며 뜀질을 시키는 체조를 했을 때 사회윤리 문제로까지 비약하여 큰 말썽이 되었다. 학부형들은 하인을 시켜 딸을 업어 오기에 바빴고, 체조하는 딸 때문에 가문을 망쳤다고 가족회의를 열기도 했다. 사회에서는 이화학당에 다니는 여학생은 며느리로 삼지 않겠다는 풍조가 일기도 했다. 한성부에서는 정식으로 이화학당에 공문을 내어 체조를 즉각 중단할 것을 통고까지 하였다.

계몽운동기 지식인들도 체조에 많은 관심을 가졌다. 체조는 신체를 건전하게 만드는 학문이라는 점 때문이다. 전통사회에서도 무인이나 일부 유학자가 심신수양이나 건강관리를 위해 운동을 했지만 이는 특정 계층에 한정되었다. 이와 달리 이제는 국가가 지식과 더불어 신체에도 관심을 갖게 되었다.

곳곳에서 벌어지는 운동회

체조에서 시작된 근대체육은 넓은 공간에서 육상을 중심으로 벌이는 운동회로 나아갔다. 최초의 운동회는 1896년 5월 2일 영어학교에서 영국인 교사 허치슨(W. D. F. Hutchison)의 지도 아래 '화류'라는 이름으로 동소문 밖 삼선평(지금의 삼선동 일대)에서 열렸다. 여기는 안암천이 흐르는 저지대로, 평평한 모래사장 같은 개울 바닥이어서 훈련원(지금의 을지로5가 일대)의 연무장이 있던 곳이었다. 『독립신문』에서는 "오래 학교 속에서 공부하다가 좋은 일기에 경치 좋은 데 가서 맑은 공기를 마시고 장부에 운동을 하는 것은 진실로 마땅한 일"이라고 평하였다. 이들은 다음 해에는 6월 16일 훈련원에서 대운동회를 열었다. 그다음 해 5월에는 역시 훈련원에서 관립외국어학교 연합운동회가 열렸다. 경기는 질서 있게 진행되었으며, 우승자에게는 시상을 하여 근대적 스포츠의 모습을 띠었다.

그림 10-2 • 연합운동회를 하는 모습

소학교 운동회는 1896년 5월 30일 훈련원에서 열렸다. 여기에는 각 관립 소학교 학생들, 정부 고관과 교원, 한성 시민들이 구름처럼 모여 성황을 이루었다. 지방에서도 운동회가 열려 지역 주민들이 학생들과 함께하였다. 운동회는 각 학교에서 매년 개최하였고, 해를 거듭할수록 규모가 커져서 마침내 각 학교 연합운동회로 발전했다. 나아가 황성기독청년회나 체육구락부와 같은 단체에서 운동회를 열기도 했다. 1905년 5월 22일 신흥사(新興寺, 성북구 아리랑고개 근처)에서 황성기독청년회가 처음으로 운동회를 개최하였다. 그 뒤 1909년까지 운동회 전성시대라고 할 만큼 운동회가 많이 열렸다. 1908년 5월 21일 학부 주최 관·사립학교 특별 비원 운동회는 고종 내외가 참석하여 칙어와 상품까지 하사했다고 한다.

운동회가 열리는 곳은 대개 훈련원이나 사찰, 고궁 등 여러 사람이 모이는 공공장소였다. 여기에는 지역 주민들이 많이 참여했다. 이런 장소는 특히 여성들이 나들이하는 곳이기도 했다. 운동회는 주로 5월 단오절이나 추석 등 명절을 전후하거나 개국기원절(음력 7월 16일)과 같은 국가 경축일에 열렸다.

운동회에서는 체조를 비롯하여 각종 경기가 열렸다. 체조는 당시 가장 중요한 행사였다. 수많은 학생이 손발을 맞추어 벌이는 체조는 구경꾼들의 열렬한 환호를 받았다. 경기종목은 갈수록 다양해졌다. 근대적 체육으로는 달리기, 멀리뛰기, 이인삼각 달리기, 공 던지기, 높이뛰기, 축구, 타구(야구), 송구 등이 행해졌고, 전통경기로는 씨름, 각희(택견 같은 발놀이), 그네뛰기, 줄다리기 등이 행해졌다. 그 밖에도 여러 가지 유희를 벌여 흥을 돋우었다.

연합운동회가 자주 열려 서울에서는 11개 소학교 1,000여 명의 학생이 훈련원 앞마당에 모여 운동회를 열었다. 연합운동회의 모습은 한말의 소설 속에서 잘 그려지고 있다. 주인공이 훈련원에서 춘기연합운동회를 구경하러 갔을 때의 운동장과 경기 진행 모습을 보자. 탁 트인 벌판에 차양을 치고 식장을 만들고 국기·교기·만국기를 둘러치고, 운동장 바깥은 말목을 둘러 박고 망얽이를 쳐서 구경하는 사람은 그 바깥에 인산인해를 이루고 있다. 사령부에서 기를 휘두르면 각 학교 사령원들이 뛰어가서 자기 학교의 선수를 내세우고, 출발소에서 포를 쏘면 경주를 시작하고 1, 2, 3등이 결정되면 구경꾼들이 박수를 쳤다(박이양의 「명월정」과 이해조의 「고목화」에서).

여학교에서도 운동회가 열려서 여성의 사회 참여에 도움이 되었다. 기록상으로는 1908년 5월 이화학당에서 열린 메이데이 화류놀이가 처음이었다. 한성여학교의 운동회는 1909년 창덕궁 '비원'에서 황제 내외가 지켜보는 가운데 열렸다.

일제는 각지에서 열리는 운동회를 경계하여 점차 축소시켜 나갔고, 마침내 1910년에는 운동회가 일종의 무장시위로 교육의 본지에 어긋난다고 하여 중단시켰다.

운동회는 운동으로만 그치지 않았다. 운동회에서는 태극기를 게양하고, 지식인이 등장하여 국민의 사기를 드높이고 애국심을 고취하는 연설을 하였다. 애국가를 부르고 황제에 대한 만세삼창도 하였다(1897년 6월 16일 영어학교 운동회에 대한 『독립신문』 6월 19일 자 기사). 1907년 4월에 개최되었던 관·공립학교 연합운동회에서 불렀던 운동가를 들어 보자.

대한제국(大韓帝國) 광무명(光武明) 당강안태(當强安泰)는
국민교육 보급함에 전재(專在)함일세

우리들은 덕을 닦고 지능 발하여
문명개화 선도자가 되어 봅세다
……
나아가세 나아가세 고함일성에
겁나심(怯懦心)을 내지 말고 나가 봅세다
대황제폐하께 영광 돌리고 우리 학교 전체 명예 일층 빛내세
학도들아 학도들아 청년 학도들 충군심성 애국정신 잊지 마시오

노래 속에는 충군애국 정신을 바탕으로 대한제국의 문명개화와 부강, 그리고 지덕체(智德體)의 균형 있는 발달을 위한 국민교육의 보급을 바라는 열망이 담겨 있었다. 이런 점에서 운동회는 학생과 주민들이 신체를 단련하고 즐기는 잔치를 넘어서 애국심을 고취시켜 국권을 지키기 위한 의지를 다지려는 목적이 담겨 있었다.

2. 곳곳에 들어선 체육기관과 번지는 스포츠 열기

전국적인 체육기관이 만들어지다

일제강점기 식민지 체육정책은 한말 국권회복의 기초로 무력을 양성하려던 체육 목표를 차단하고 식민지 신민을 양성하려는 것이었다. 일제는 1911년 8월 조선교육령을, 같은 해 총독부령을 제정하여 식민지 교육정책을 마련하였다. 이는 교육연한을 단축하고 보통학교에서 지방

사정에 의해 체조를 하지 않아
도 된다든지, 관·공립학교 생
도의 신체검사 규정에 여학생
에게 체조를 적용하지 않는다
는 내용이었다.

1914년 6월 체조를 포함한
교수요목을 반포하였다. 이 조
치는 식민지 학교체육의 방향
을 결정하는 계기가 되었다. 체
조교육도 병식(兵式)체조, 보통
체조에서 스웨덴 체조로 질적
전환을 이루어 근대체육의 형
식을 띠게 되었다.

일제는 학교정책의 변화와
함께 운동회와 같은 민족경기

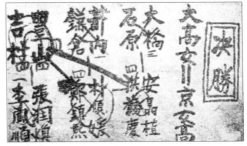

그림 10-3 · 테니스 시합을 하는 여학생과 대진표. 운동경기는 학
교사회를 통해 널리 보급되었다.

를 규제하였다. 운동회는 탄압의 대상이 되었지만 각처에서 학교 또는
지역을 연고로 한 연합운동회는 계속되다가 1912년을 끝으로 폐지되었
다. 이제 개별 학교 단위의 운동회만 열리고 사회체육의 성격을 띤 운동
회는 더 이상 개최되지 못하였다. 이는 식민통치를 위한 체육 기반 확보
라는 정치적 의도가 깔린 것이었다.

1910년대 들어 근대적 운동경기의 보급이 확대되었다. 여기에는 체
육기관이 중요한 역할을 했으며 대부분 일본인이 주도하였다. 일제는
일본인 중심의 체육단체 결성을 통해 근대 스포츠 보급을 적극적으로
권장하였다. 1919년 2월 18일에 창립된 조선체육협회가 그런 역할을

하였다. 이 단체는 1918년 조선에 있는 정구단이 모여 결성한 경성정구회와 1919년 1월에 결성된 경성야구협회가 통합되어 이루어졌다. 이후 조선체육협회는 사회체육을 주도해 나가는 단체로 성장하였다. 비록 일본인의 체육기관이었지만 여기서 주최하는 각종 시합에 조선인 선수들이 제2회 대회부터 출전하여 우리 체육의 발전에 기여하였다.

조선인들의 체육에 대한 관심도 점차 커졌다. 체육단체가 만들어지기 전에는 조선기독교청년회(YMCA)가 체육기관 역할을 했다. YMCA는 무단통치하에서 체육활동을 자유롭게 할 수 있었던 거의 유일한 단체였다. 이곳에서 모든 종목의 스포츠를 보급하고 경기대회를 열었고, 본래 운동경기를 천하게 여겼던 인식을 변화시켜 나갔다. 일제가 식민지배 수단으로 체육을 장려했다면, 조선기독교청년회는 순수한 체육활동을 장려·보급하였다. 1924년 7월에는 YMCA야구단이 하와이 동포의 초청으로 해외원정경기에 나서기까지 하였다.

학생들도 운동경기가 반드시 필요하다는 생각을 가진 듯하다. 3·1운동 이후인 1920년 6월 5일 일어난 휘문고등보통학교의 동맹휴학 조건에도 "학생의 운동을 장려하기 위하여 야구, 축구, 정구, 스케이트, 보트와 그 외 운동에 필요한 기구를 설비할 것"이라는 내용이 들어 있다. 같은 해 7월 5일 배재고등학교의 경우에는 조선어, 조선역사의 교수에 앞서 "병식체조를 교수할 것"이라는 내용이 들어 있다. 체조가 민족주의에 기반하고 있다고 의미를 부여한 것으로 보이는 대목이다.

1920년 『동아일보』는 창간 직후 기사에서 「체육기관의 필요를 논함」이라는 글을 실으면서 운동경기와 이를 이끌어 갈 체육기관에 대한 관심을 보여 주었다. 곧 "그 국제올림픽대회(1920년 벨기에 브뤼셀 개최)에 우리 민족이 참가하지 못함을 통탄하는 한편, 한 민족의 쇠하고 흥함에 큰 관계가 있는 체육에 대하여는 아직까지 현저한 운동이 없어 조선청년의 활기 쇠잔함을 매우 유감으로 여긴다"(『동아일보』, 1920년 4월 10일 자)라고 하면서 "장래의 운동계를 위하여 기관을 설립함이 자금(自今)의 급무요 요무(要務)"라고 주장하였다. 이러한 사회적 요구에 따라 1920년 7월 13일 서울 인사동 중앙예배당에서 70여 명의 발기인이 모여 조선체육회 창립총회를 열었다. 조선체육회는 이해 11월 전조선야구대회를 시작으로 육상을 비롯하여 축구, 농구, 정구, 권투, 씨름, 수영, 빙상 등 각종 경기대회를 해마다 개최하여 조선체육협회를 능가하는 조직으로 뛰어올랐다. 1924년에는 제1회 전조선육상경기대회를 열어 체육의 본산으로서 위의를 갖추게 되었다. 조선체육협회와 조선체육회, 두 단체는 1930년대에 조선체육회가 해산될 때까지 각축을 벌였다.

체육의 중요성은 민족과 관련하여 크게 강조되었다. "민족의 성쇠는 정치나 경제에 있다고 하는 것보다도 직접으로는 체육에 있다고 할지니 민족의 건전한 의기가 왕성한 체육에서 비로소 기대할 수 있을 것은 다시 말할 것도 없다"(『동아일보』, 1925년 9월 6일 자)라고 하여 강한 신체에 강한 민족이 만들어진다고 하였다. 나아가 체육을 아무리 장려해도 위생에 주의하지 않으면 체력 증강에 실패한다고 하면서 위생에 대해서도 관심을 기울였다.

대중에게 번지는 스포츠 열기

한말 학교체육을 통해 체조, 육상 등이 도입되었고 근대식 운동경기도 차츰 들어오기 시작하여 1900년대 들어 스포츠 보급이 확대되었다. 중요한 운동경기로는 1905년 야구와 축구, 1906년 자전거경기와 유도,

1907년 농구, 1908년 빙상과 정구, 1909년 기병경마회와 궁도 등이 들어왔다. 주로 외국인 선교사가 근대 스포츠를 소개하였다. 근대적 운동경기는 일반인에게는 널리 보급되지 않았고 서울에 있는 몇몇 학교에서 행해졌다. 그러나 지식인들과 언론을 통해 새로운 신체의 습득과 절제, 협동의 배양을 강조하면서 급속하게 보급되었다. 축구에 대한 글을 보자.

> 그 신장이나 그 체중은 인류학상 인종이 다른 관계로 부득이할지라도 몸 전체의 자세가 나쁜 것, 특히 상체에 비해 하지(下肢)의 발달이 불충분한 것은 그 원인을 생각하여 고치지 아니하면 아니 될 줄로 안다. …… 그러나 풋볼은 실로 이러한 결점을 보충하기에 여유가 있는 유일한 운동이니 이 운동을 하는 자의 각부(脚部)는 실로 완전하고 강건하다. 또 굽었던 다리도 펴질 수 있으니 만약 어릴 때부터 이 운동을 시켰으면 우리 조선인의 체격은 부지중 개량될 것이다(김원태, 「사나이거든 풋볼을 차라」, 『개벽』, 제5호, 1920).

우리의 신체조건이 서양인보다 열등하다고 인정하고 축구라는 근대 스포츠를 통해 문명화된 신체를 얻을 수 있다는 점을 강조하고 있다.

또 스포츠의 규칙은 엄격하기 때문에 이러한 까다로운 규칙이 존재하고, 이를 지켜야 하는 것을 문명적이라고 파악하였다. 다음의 야구에 대한 글에서도 이런 점이 잘 드러난다.

> 근래 우리 학생 간에서 베이스볼이란 유희가 성행하나 아직 어떠한 운동인지 상지(相知)치 못하는 듯하기로 대강 설명코자 하거니와 …… 베이

스볼은 한편 각 9인씩이 단체로 승부를 겨누나니 그러므로 방법이 조밀하고 절차가 번다하며 그렇기 때문에 재미도 다른 것보다 더 많은 것이라 대개 규약이 엄명하고 절차가 정제하여 가히 문명적 경기라 할 만하니라 (최남선, 「베이스볼 설명」, 『청춘』, 1914).

여기서 야구는 규약이 엄격하고 절차가 가지런하여 문명적 경기라는 점을 강조하고 있다.

근대 스포츠는 경쟁을 통해 대중의 관심과 흥미를 얻었고, 스포츠 대회가 많이 열리면서 큰 인기를 끌었다. 1920년 조선체육회에서 개최한 제1회 전조선야구대회에서는 어른 10전, 학생 5전의 입장료까지 받았다. 이때의 입장료 수입이 200원이 넘었을 정도로 많은 관중이 몰렸다. 다음해인 1921년 2월 11일 정월 대보름에 맞추어 제1회 전조선축구대회가 열렸다. 이때는 입장료를 야구의 두 배인 어른 20전, 학생 10전을 받았는데도 관중이 몰려 우리나라 사람에게 가장 취향에 맞는 경기로 일컬어졌다.

1929년 조선일보사에서 와세다 대학과 조선인 축구단의 경기를 주최하였다. 당시 「일요만화」(『조선일보』, 1929년 9월 8일 자)는 휘문고보에서 열린 경기를 보려고 사람들

그림 10-4 • 축구 경기장의 풍경. 당시 축구경기는 대단히 큰 인기를 누렸다(『조선일보』, 1929년 9월 8일 자).

이 나무에 매달리고 담벼락에 올라가는 모습을 묘사했다. 만평이지만 당시 운동경기가 얼마나 인기였는지 알 수 있다.

연보전(연희전문과 보성전문 간의 시합. 요즘 연고전의 전신)과 경평축구전도 큰 인기를 끌었다. 1929년 10월 8일 조선일보사 주최로 제1회 경평축구대 항전이 서울 휘문고등보통학교 운동장에서 열렸다. 세 차례의 경기에서 평양이 2승 1무로 우승하였다.

근대 스포츠는 점차 생활 속으로 파고들었다. 인기 있는 생활 스포츠 가운데 스케이트도 있었다. 속도의 쾌감 때문이었다. 한강이 얼면 스케이트를 탔다. 창경원, 청량리에도 스케이트장이 있었다. 다음의 글을 보자.

바로 지난 정월 10일경인가 청량리 스케-트장이 얼었다는 소문이 들린 날은 참말로 나뿐 아니라 만도(滿都)의 스케-트군(軍)들의 가슴은 불시로 울렁거렸을 게다. …… 첫째 우리가 스케-트를 좋아하는 것은 속력의 쾌감을 향락하려는 것이 목적의식이다. 속력은 실로 현대 그것의 상징이다. 그래서 스케-트는 사람이 기계의 힘을 빌렸다는 의식이 없이 속도의 극한을 그 몸으로써 경험할 수 있는 최고의 스포츠다(김기림, 「어느 오후의 스케-트 철학(2)」, 『조선일보』, 1935년 2월 20일 자).

근대 스포츠는 근대문명이 가진 속도와 쾌감을 대표하는 것이었다. 그것을 향유할 수 있는 신체야말로 근대적인 문명이 지향해야 할 신체의 이상으로 간주되었다.

근대사회에서 스포츠는 사회적 규율을 익숙하게 하는 교육의 장으로 활용되었으며 원칙과 규율을 통해 대중을 일사불란하게 지배할 수 있도록 훈련하는 과정으로 장려되었다.

언론에서도 스포츠를 적극적으로 권장하였다. "사람은 몸을 단련치 않으면 퇴화가 된다. 소인국 사람이 그것인지는 모르나 움직이는 기능을 가진 자가 수선화같이 고요히 자라면 위축되고 쇠잔한다. 그런 의미에서 나는 스포츠를 보편화시켰으면 한다"(「스포츠의 보편화」, 『조선일보』, 1933년 11월 9일 자)라고 하여 운동을 건강의 측면에서 중요하게 다루었다. 근대 스포츠 도입에는 한국인의 체격이 작지만 운동을 통해 서구인을 비슷하게 따라잡을 수 있다는 전망, 즉 서구적 가치 기준에 맞는 새로운 신체형 추구도 포함되었을 것이다.

당시 경성과 같은 대도시는 이미 젊은이의 도시라는 의식과 맞물려 있었다. 스포츠 보급은 새로운 여가활용 차원에서 유행과도 관련되었을 것이다. 여성에게도 체육과 스포츠는 중요한 역할을 하였다. 여성의 사회적 진출에 따라 신체활동에 대한 관심이 크게 고조되었기 때문이다. 근대 초기에는 여학생들이 운동장에 모여 팔을 흔들고 다리를 벌리며 뜀뛰기를 하는 체조가 장안의 호기심을 불러일으켰지만, 차츰 여성에게도 신체의 발육을 위해 운동이 필요하다는 주장이 제기되었다. 그리하여 1920년대부터 여학교에 스포츠 보급이 활발하게 이루어졌다.

또한 수많은 여성이 운동경기를 관람하러 몰려왔다. 1923년 동아일보사 주최로 열린 제1회 전조선여자정구대회는 남성들의 입장을 불허했는데도 2만 명의 인파가 몰렸다고 한다. 앞의 만평에서도 담벼락에 매달린 여성이 있었다. 경성운동장에 무슨 운동경기가 있으면 여성들이 공짜표를 얻어 내어 보러 갔다고 한다. 한 잡지에 따르면 권투시합에서도 남성보다 더 열광한다고 할 정도로 여성들의 관심이 컸다. 스포츠는 이제 상식이요, 근대문화의 상징으로 인식되었다.

이처럼 남성의 전유물이었던 운동을 여성도 직접 즐기고 또 생활화하는 모습이 당시 풍속도로 비칠 정도였다. 신문기사에서는 남자를 만나 스케이트장에 가려고 전신주 밑에서 기다리고 서 있는 여성의 모습을 풍자하기도 했다. 그러한 실태를 한 신문에서 찾아보자.

올해에 와서 스케이트 열이 버쩍 끓어서 여자들도 얼음판 위에서 그 좁은 치맛자락을 허공에 날리며 특기다툼질을 한다. 큰길에 나아가 보면 대뜸 옆구리에 스케이트를 끼고 가는 모던 여성들을 볼 수가 있고, 전신주 밑에서 그 사나이를 만나가지고 전차를 타고 스케이트장을 가는 것도 볼 수 있다. 집 안에서는 한 발자국이면 내려갈 부엌을 내려가기에 춥다고 한방 아랫목에 옹송그리고 앉아서 애꿎은 오라범댁만 부려먹는 그런 여자도 스케이트장에서는 사람의 품속으로 기어들다가도 눈을 보면 날

그림 10-5 · 1920년 2월 8일 한강에서 열린 스케이트 경기대회. 스케이트는 당시 가장 인기 있는 운동 가운데 하나였다.

뛰는 강아지 본으로 뛰는 아가씨도 보겠다(『조선일보』, 1934년 2월 8일 자).

이제 스포츠를 보는 것에 만족하지 않고 직접 즐기겠다는 것으로, 이처럼 여성들은 스포츠를 함으로써 근대의 추세를 따르고 구여성과 자신을 구분하고 있었다.

운동경기에 대해 비판적인 글도 간혹 있었다. 당시의 한 잡지는 상업화하기 시작한 스포츠의 부조리와 타락을 적극적으로 비판하는 글을 실었다.

스포츠맨의 돈 있는 사람에게 노예화 — 운동경기장이 도박판이 된대서야 좀 거북한 일이다. 홈런, 파울볼 한 개에 몇 만 원의 도박금이 대롱매여 달리고 번연한 스트라이크볼을 '볼'이라고 선언하는 한마디에 몇천 원의 입 씻기는 돈이 양복 주머니 속으로 들어가게 되어서야, 기관 속에 …… 구역이 치밀어 오른다. (중략)
운동경기의 영업주의화, 스포츠맨의 노예화, 상품이다. 고깃덩이와 고깃덩이의 부딪힘의 상품화—이 현실에서만 볼 수가 있는 것이다. 많은 스포츠맨들은 쇠사슬에 걸려 자기의 주인, 배후에 있는 자본가를 위하여 명예의 우승기, 은컵을 타다가 바친다. 그리하여 그것으로 인하여 자기들의 목숨은 존재하여 간다(혹 학교 팀들은 그래도 좀 성질이 다르겠지만) (승일, 「라디오 스폿트 키네마」, 『별건곤』, 1929년 11월호).

1930년대 권투가 들어와서 여성들이 링사이드에서 손뼉을 칠 정도로 성행을 이루자 생명을 촌탁(忖度)할 수도 없는 위험한 시합임을 말하면서 "이 운동이 풀기 없는 사람을 긴장하게 하는 데는 좋으나 직업화, 상품화되면 좋을지 나쁠지"라고 문제점을 내비치기도 하였다(A생, 『필마를 타고: 스포츠의 보편화(3)』, 『조선일보』, 1933년 11월 19일 자).

이러한 상황을 1920~1930년대 조선사회에서 흔하게 볼 수 있었는지는 잘 알 수 없다. 하지만 운동경기의 영업주의화, 스포츠맨의 노예화, 상품화 등 자본주의사회 스포츠의 실상을 적나라하게 표현하였다.

3. 불어닥친 전쟁과 체육

전투를 위한 체육

1930년대 들어 일제는 파시즘 체제로 나아갔다. 일제는 1937년 중일전쟁을 일으키며 전시체제를 더욱 강화하였다. 체육에서는 우리 민족 내부의 지역감정과 대립을 부추기는 방법으로 분열화·우민화를 획책해 나갔다. 각종 경기대회가 민족을 단결시키고 민족의식을 불러일으킨다고 판단할 때는 이를 통제하였다. 조선총독부가 1932년 9월 야구통제령, 1934년 축구통제령을 반포한 것이 그 예이다.

이는 학교 체육정책에서도 잘 드러난다. 1936년의 신문기사에는 일본의 중등학교 체육통제를 위해 문부성 주최 교원체육강습회를 동경에서 여는데, 조선에서도 중등학교 체육통제 지도를 통감하고 123명을 파견하여 강습을 받게 하였다는 내용이 나온다(『동아일보』, 1936년 6월 3일 자). 이와 함께 1937년 학교체조 교수요목을 군사 능력을 강화시키는 내용으로 개정하였다. 1938년 개정된 조선교육령에 의거하여 다시 학교체조 교수요목을 개정하고 황국신민 양성을 목표로 하였다. 일제는 국체명징(國體明澄)·내선일체(內鮮一體)·인고단련(忍苦鍛鍊)을 내걸었다. 국체명징은 천황 중심의 국가체제를 명확히 하는 일이고, 내선일체는 일본과 조선이 하나라는 뜻, 그리고 인고단련은 괴로움을 견디고 몸과 마음을 튼튼하게

그림 10-6 · 일제말기 체육은 곧 군사훈련이었다.

한다는 뜻이다. 그 가운데 인고단련은 체육교과와 밀접한 관련을 갖는다. 일제는 이를 위해 학교체육에 황국신민체조를 도입하였다.

1937년 중일전쟁 직후 제13회 조선신궁경기에서 여학생 6,000명이 연합체조를 하였다. 이러한 집단체조는 라디오 방송과 결합하여 라디오 체조로 발전하였다. 1938년의 신문기사를 보자.

조선체조협회는 체신국, 조선방송협회와 협력하여 예년과 같이 7월 21일부터 8월 20일까지 1개월간 매일 아침 6시부터 30분간 집합장에서 라디오 체조의 회를 열어, 혹서를 정복하고 건강증진운동을 하는데 …… 라디오 체조 종료 후 각 지회장의 지도자 지휘하에 황국신민체조, 건국체조 등을 행하여 반도인의 운동량의 증가를 꾀하고 동시에 라디오 체조를 통하여 국민정신운동을 일으키기로 하였다(『경성일보』, 1938년 6월 21일 자).

이처럼 학교체육은 전쟁수행을 위한 군사훈련의 성격을 띠었다. 1938년 9월 3일 총독부 학무국에서 체육운동 단체를 지도하려고 각 도지사에게 보낸 공문을 보면, 체육운동경기회, 체육대회 개최 시에는 궁성요배, 국기 게양, 기미가요(君ガ代, 당신의 한평생–일본 국가), 우미유카바(海行かば, 바다에 가면–일본 군가) 합창, 황군의 무운장구 기원, 황국신민의식의 앙양 철저에 노력할 것, 운동경기 등의 용어는 '국어(일본어)'를 사용할 것 등의 내용이 있었다.

전시체제에 순응시키려는 조치로 체육단체도 통제하였다. 조선체육회는 1938년 7월 4일 '체육기관의 일원화'라는 이름 아래 일본인 체육단체인 조선체육협회에 흡수되었다. 또 조선학생체육총연맹도 1941년에 조선체육협회에 흡수되었다. 1941년 태평양전쟁 발발 이후에는 체육통제가 가속화되었다. 일제는 1942년 조선체육진흥회라는 관제 통제기관을 결성하고 일본인 체육단체인 조선체육협회마저 통합하였다. 조선체육진흥회는 일제 말기 조선 내 체육 분야에서 황국신민화를 주도하고 국방체육을 강력하게 추진하는 유일한 기관이 되었다.

이제 조선에서는 오로지 전쟁 준비를 위한 체력증강, 전투훈련만이 체육이라는 이름으로 행해졌다. 종래의 체육대회는 '국민체육대회' 등으로 이름을 바꾸었다. 주로 전투적 훈련종목만을 채택하여 모든 대회가 완전한 전시체육으로 통제되었다. 일본에서도 1940년 도쿄올림픽 대회 개최권을 반납하였다.

1943년 5월 15일에는 '결전하 일반국민체육실시 요강'을 제정하여 일반인들에게까지 체육통제를 단행하였다. 이는 1944년부터 시행된 징병제에 대비하려는 전력증강에 목표를 두고 있었다. 1943년부터 전시체력의 증강을 위해 중학생 이상의 학생들에게 체력장 검정제를 실시하였다. 이는 전시동원체제를 갖추고 대비하려는 방안이었다. 이러한 상황에서 체육이 정상적으로 발전하기란 거의 불가능하였다.

스포츠를 통해 울분을 분출하다

몸과 몸이 부닥치며 승부를 가르는 운동경기에서 단체, 학교, 지역 간의 경쟁이 과열되는 일은 종종 일어났다. 이민족 지배에 대한 민족감정은 더욱 심각할 수밖에 없다. 이미 1910년대의 경기에서도 관련 사례가 있다. 1914년 서울훈련원에서 오성학교 팀과 일본인 야구단인 철도구락부 팀의 야구시합이 벌어졌을 때, 접전 끝에 오성 팀이 14대 13으로 승리하여 전해의 패배를 설욕하였다. 이때 일본인 관중이 흥분하여 운동장으로 난입하고 조선인 군중도 이에 대항하여 편싸움까지 벌어졌다.

1930년대 이후 식민지배가 심화되는 가운데 체육은 식민지 대중, 특히 젊은 세대의 울분과 힘이 분출되는 통로가 되었다. 일본과 스포츠를 통해 대결하고 승리하려는 목적의식이 잘 드러났다. 일본 '국력의 정수'를 결집한 종합체육대회인 메이지신궁대회에 출전하여 기량을 발휘하는 것도 큰 목표였다. 1935년 제8회 대회에서는 손기정이 마라톤에서 2시간 26분 42초라는 놀라운 기록으로 우승하였다. 같은 해 경성축구단은 베를린올림픽 출전선수 선발전을 겸한 제1회 전일본 축구선수권대회와 메이지신궁대회에서 당당히 우승하였다. 1936년 1월에는 전일본 농구선수권대회에 참가한 연희전문 팀이 우승했으며, 빙상에서도 김정연, 이성덕 두 선수가 전일본선수권대회에서 1, 2위를 차지하였다. 그 밖에 빙상, 역도, 권투에서도 많은 부문에서 조선인 선수가 독무대를 이루었다. 마라톤에서도 김은배, 남승룡 등 세계 수준급 선수가 활약하였다.

당시 신문기사는 이 같은 경기를 보도하여 민족의식을 불러일으키려고 하였다.

이들 용사를 보내는 해내(海內)의 우리들은 백절불굴의 정력을 다하여 견인불발의 자중한 건투를 빌 뿐이며 그곳 체류의 동포들도 이에 열성을 기울여 성원할 것을 생각하매 원정팀들의 축구가 양족(兩足)뿐의 운동 이상으로 머리의 운동인 지중지대한 책임을 한층 더 무겁게 느끼지 않을 것인가?(「반도 축구계의 정예, 4강팀 해외 원정」, 「동아일보」, 1928년 12월 20일 자)

식민지라는 억압된 상황에서 유일하게 일본을 제압할 수 있었던 부분이 바로 체육이었기에 민중은 이를 통해 현실적인 억압에 대해 보상받으려고 하였다. 일본의 입장에서도 조선의 선전(善戰)에 몹시 감정이 상했던 모양이다. 1932년 LA올림픽 마라톤 예선대회에서 권태하가 1위를 하고 돌아오는 길에 관부연락선 안에서 세 명의 형사가 그를 폭행한 사건이 벌어지기도 했다.

1940년 부산에서는 제2회 경남학도전력증강국방경기대회라는 이상한 이름의 대회가 열렸다. 침략전쟁과 관련하여 전력증강에 필요하다는 명분으로 개최한 경기였다. 여기서 부산 제2상업학교가 우승하자 규칙을 위반했다는 이유로 재경기를 하게 해서 결국 일본계 학교인 부산중학이 우승을 차지했다. 시상식이 진행되는 과정에서 학생들이 「아리랑」을 합창하고 구호를 외쳤으며, 부산 시내로 진출하여 행진하면서 시위를 계속하였다. 이처럼 경기과정에서 일어난 마찰이 민족적 저항으로 이어지기도 했다.

윤치호는 일본인들에 대한 조선인들의 보편적인 정서를 알고 싶으면 일본 팀과 외국 팀 간의 운동경기를 지켜보라고 하였다. 1933년 경성운 동장에서 필리핀 선수와 일본 선수 간에 권투경기가 열렸을 때, 조선인 들은 필리핀 선수가 유효타를 날릴 때마다 열렬히 환호했다는 것이다 (『윤치호 일기』, 1934년 9월 25일). 조선인 선수와 일본인 선수 간의 대결이라면 더욱 환호했을 것이다.

이 때문인지 일본 당국은 조선 청년이 스포츠를 배우려고 노력하는 것을 별로 격려하지 않았다. 조선인의 꿈과 열망에 대해 체육현장에서 조차 냉담한 반응을 보임으로써 양 민족 간의 틈새는 더욱 벌어질 수밖 에 없었다.

올림픽은 더구나 민족체육을 알리는 중요한 기회였다. 1936년 베를린올림픽 선수단 환송식에서 당시 체육회에 간여 했던 여운형은 "여러분들은 비록 가슴에 는 일장기를 달고 나서지만 등과 머리에 는 조선반도를 짊어지고 나간다는 사실 을 잊어서는 안 된다"고 격려하였다. 베 를린올림픽 마라톤 경기에서 손기정 선 수가 우승하고 남승룡 선수가 3위를 차 지함으로써 민족의 감격은 대단히 고조 되었다. 당시 신문에는 "손, 남 양 군의 마라톤 세계 제패가 한 번 지상에 보도될 때 그 기쁨의 감격에 뛰지 않은 자 그 누 구이더냐. 선진 각국에 있어서 스포츠의 한 우승쯤은 이다지 큰 환희와 감격을 줄

그림 10-7 · 베를린올림픽 마라톤 경기에서 우승 한 손기정. 손기정의 우승은 근대에 들어서 스포츠가 민족적 관심사에 속 함을 보여 주는 중요한 사건이었다.

수는 없었을 것이다. 그러나 조선에 있어서는 그것이 비록 한 개의 운동경기였지만 자기의 최초 최대의 표현이었던 만큼 그 환희와 감격은 보다 크고 깊은 것이었다"라고 의미를 부여하였다.

일본은 손기정의 우승을 '세계 스포츠 무대에 일본의 위세를 떨친 선전의 대상'으로 삼았지만 그것으로 끌고 나가기에는 우리 민족의 감격이 너무도 컸다. 뒤이어 일어난 '일장기말소사건'은 스포츠를 전면에 내세운 새로운 형태의 항일이었으며, 대단한 폭발력을 나타냈다. 그러나 그 뒤 일제의 탄압정책으로 조선에서 스포츠는 거의 공백상태에 들어갔다.

4. 새 나라 새 체육

일제 말기 각종 체육과 운동의 공백상태에서 해방을 맞았다. 1945년 8월 17일 우리나라 체육인을 망라한 조선체육동지회가 발족되어 그간 해체되었던 모든 체육단체가 부활하기 시작했다. 조선체육회는 그해 9월 30일 첫 행사로 미군과 친선 농구경기를 거행했다. 축구 또한 연희전문, 보성전문 출신의 OB 대 현역의 대결로 치렀다. 수많은 관중이 여기에 몰려들어 모처럼의 경기를 즐겼다.

해방 후 첫 전국 규모의 스포츠 행사로서 조선체육동지회가 주최한 '자유해방 경축 종합경기대회'가 1945년 10월 27일부터 열렸다. 여기에도 입추의 여지없이 관중이 몰려들어 해방조선의 실체를 피부로 느끼게 했다. 이때만 해도 38선이 완전히 차단된 것이 아니어서 북쪽의 팀들도 다수 참여하였다. 이날 일제강점기부터 체육활동에 깊이 관여했던 여운

형이 격려사를 하였다. 그는 체육적 갱
생이란 억센 체육조선의 건설이라고 주
장하면서, "스포츠를 찾은 것을 평생의
감명으로 삼고 새로운 국가건설의 역군
이 되라"고 하였다.

이를 필두로 산하 경기단체에서도 각
종 경기대회를 개최하기 시작하였다. 일
제강점기 국방경기의 성격이 이제 스포
츠 본연의 모습으로 돌아갔다. 학교체육
도 다시 부활하여 고등학교까지 필수교
과로 되었으며, 대학에서도 일반 교양과
목으로 채택되었다. 해방은 체육에 새로

그림 10–8 · 대한체육회 초대회장 여운형

운 바람을 불어넣었지만 남북 분단으로 체육도 분단을 맞았다. 1946년
3월 25일 서울운동장에서 있었던 경기를 끝으로 경평축구전은 중단되
었다.

미군정 아래 좌우 갈등과 물가고에 시달리던 민중에게 1947년 서윤
복이 미국 보스턴 마라톤을 제패한 사건은 큰 기쁨을 안겼다. 잘 알려지
지 않은 한국의 청년이 우승했다는 소식은 전 세계를 놀라게 했다. 이들
이 인천으로 귀국했을 때 부두에는 수만 명의 환영 인파가 몰렸다.

1948년 런던올림픽은 해방 이후 우리나라가 처음 출전한 올림픽이었
다. 아직 정부가 수립되기도 전이었다. 이 대회의 출전 경비를 마련하려
고 한국 최초의 복권인 올림픽 후원권까지 발행하였다. 런던올림픽 권
투 종목에서 한국은 동메달 두 개를 땄다. 그러나 기대와 달리 거의 모
든 경기에서 패하고 믿었던 마라톤마저 뒤처지자 국민의 실망은 대단하

였다. 올림픽에 큰 기대를 걸고 대리만족의 기회로 삼았기 때문이다. 스포츠 경기 결과를 두고 민족 감정이나 국가주의에 지나치게 의존하는 점은 예나 지금이나 크게 다르지 않다.

◎ 참고문헌

김광희, 『여명: 조선체육회, 그 세월과의 싸움(이야기 한국체육사 17권)』, 서울올림픽
　　기념국민체육진흥공단, 2001.

김진송, 『서울에 딴스홀을 許하라』, 현실문화연구, 1999.

나순성, 『한국체육사』, 교학연구사, 1983.

박노자, 「무덕에의 욕망」, 『나를 배반한 역사』, 인물과사상사, 2003.

신명직, 『모던뽀이, 경성을 거닐다』, 현실문화연구, 2003.

심승구, 「체육, 무용」, 『한국사 51』, 국사편찬위원회, 2001.

오동섭, 『근대체육사』, 형설출판사, 1992.

이학래 외, 『한국체육사』, 지식산업사, 1994.

정준영, 「구한말 체육사상의 변화」, 김경일 외, 『한국사회사상사연구』, 나남출판, 2003.

천정환, 『조선의 사나이거든 풋뿔을 차라: 스포츠 민족주의와 식민지 근대』, 푸른역사,
　　2010.